자연을 마주하다

글·사진 **김수정**

프롤로그

중학교 때 국어 선생님께서 '나의 문집'이라는 걸 쓰게 하셨다. 숙제로 내준 글쓰기나 소설 이어쓰기 등을 적는 공책이었다. 어느 날 문집 검사 후 글을 잘 쓴다고 나중에 작가 해도 되겠다는 선생님이 댓글이 있었다. 쓰는 걸 좋아하긴 했지만 잘 쓴다는 생각은 해본 적 없었는데 작가라니.

그 시기 학생들에게 선생님의 말씀은 큰 영향을 미친다. 그때부터였는지 모르겠지만 막연히 언젠가는 내 글로 책을 내야지 생각했었다.

비밀일기를 언니에게 들키고서도 아무도 못 읽게 나만의 문자를 만들어 일기 쓰기를 계속했고, 남편에게 연애 일기를 써서 선물하기도 하고, 계속 쓰진 못했지만 두 아이의 육아일기도 썼고. 생각해보면 꾸준히 글을 썼던 것 같다.

생태환경교육을 하면서 자연 관찰은 일이자 취미가 되었고 관찰을 기록으로 남기기 위해 사진을 찍었다. 그 과정에서 나의 글쓰기는 자연스레 이어졌고 종이에 펜으로 쓰던 글쓰기는 손가락 터치로 글쓰기가 가능한 SNS 글쓰기로 옮겨갔다.

 몇 년 전 SNS에서 우연히 환경작가 되기 글쓰기 과정을 보고 지원했다가 참여할 자신이 없어 포기하고, 도서관 '1인 1책 쓰기 프로젝트'도 알게 되었지만 참여를 못 할 것 같아서 아예 신청하지 않았었다.

 우연히 알게 된 두 번의 기회는 시도해보지도 않고 지레 포기했지만 내내 아쉬운 마음에 이번엔 어떻게든 해보리라 도서관 홈페이지에서 '1인 1책 쓰기 프로젝트'를 검색 후 신청했고 감사하게도 기회가 주어졌다.

 생태해설사로서 자연을 마주하며 기쁨과 경이로움과 신비로움을 느끼고 순간순간 자연의 소중함과 감사함을 느낀다. 그때의 느낌과 감동, 생태해설사로 활동하면서 겪었던 소소한 에피소드를 기록하여 소중한 기억을 글로 남겨두고 싶은 마음에 글을 쓰기 시작했고 자연을 만나거나 만나고 싶은 사람들과 나의 이야기를 함께 나누고 싶었다.

독자들이 나의 글을 읽고 자연을 마주하고 싶은 마음이 생기기를, 내 주변의 자연에 눈길이 가기를, 그리고 자연을 찾아 나서기를 바라며.

목차

프롤로그 3

1부

자연을 만나다

1년을 기다려야 보인다. 네가 그랬다. 11
- 멸종위기 야생생물 금개구리 발견기

으스스한 울음소리, 호랑지빠귀를 아시나요? 18
- 집값 안 올라도 '숲세권'이 좋은 이유

너도 자라면 나뭇가지에 개구리를 걸어놓겠지 28
- 때까치가 먹이를 보관하는 방법

다리가 짧아서 받은 오해, 섭섭했쥬? 34
- 능력 있고 얼굴 귀여운 뱁새의 본명은 붉은머리오목눈이

개망초, 개웃긴 이름인가요? 41
- 정성 들여 가꾸지 않아도 알아서 잘 피는 야생화

2부

자연에서 추억하기

이름을 불러주세요 51
- 저마다 이름 가진 갖가지 풀꽃들

본능에 충실했을 뿐이에요 59
- 봄날, 개구리들의 '잘못된 만남'

꾀꼬리의 장르는 발라드, 트로트, 힙합 66
- '못 찾겠다 꾀꼬리'에 대하여

어릴 때 없어서 못 먹은 '이것', 지금은요? 73
- 풍성한 추억으로 남은 띠 이야기

3부
―
실수를 고백하자면

발밑 조심! 봄날 산에 간다면 83
- 노루귀에 대한 이토록 긴 오해

부자가 된 것 같았다, 버들붕어를 키우니까 91
- 야생 동물은 야생에서 관찰하겠어요

생태해설사도 몰랐던 '이것', 함께 알아가요 102
- 친환경 논에서 볼 수 있는 풍년새우

나를 함부로 건드리지 마세요 108
- 반짝이는 매력에 숨겨둔 무기

4부
―
자연과 함께 살아요

1년 800만 마리 사망, 이렇게 줄였어요 115
- 생태환경교육 강사의 새 보는 방법

하천 밑바닥 함부로 긁지 마세요 129
- 아이들에게 전하고 싶은 민물고기의 지혜

남편 사진 0장 '이것' 사진 200장, 여행이니까요 139
- 잘 빠진 흰 다리의 유혹에 즐거웠던 군산 선유도

다큐멘터리에나 나오는 주인공이 아니에요 147
- 뚱실뚱실 귀염둥이 점박이물범

에필로그 155

1부 — 자연을 만나다

1년을 기다려야 보인다. 네가 그랬다.
멸종위기 야생생물 금개구리 발견기

　나는 십 년째 당산생태공원에서 진행하는 '논배미 시민학교'라는 생태체험 교육프로그램의 전담 강사다.

　논배미 시민학교 프로그램을 개발할 당시 시에서는 어떤 기획안도 없이 그냥 생태공원에서 운영할 수 있는 체험 교육프로그램을 만들어 보라는 제안만 했다. 참여 대상도 운영 시기나 방식도 정해진 것 없이 무작정 당산생태공원을 돌며 프로그램 개발을 위해 생태조사를 시작했다.

2009년 '생태기후해설사 양성과정'으로 생태환경 교육에 발을 들였다. 해설사를 시작한 연차에 비해 활동 기회가 적어 간단한 체험 위주의 교육만 어쩌다 한두 번 진행해 본 나의 생태 지식은 아주 얄팍했다. 프로그램을 만들고 진행하기 위해서는 하나하나 다시 공부해야 했다.

몰라서 가장 곤란한 건 '금개구리'였다. 멸종위기 야생생물인 가시연과 금개구리 서식지라 생태공원으로 조성된 곳으로, 프로그램의 주 소재가 되어야 하는데 금개구리를 실물로 본 적이 없었다. 인터넷을 뒤져 열심히 사진을 찾아보긴 했지만, 막상 현장에서 찾기가 쉽지 않았다.

어렸을 때 잡아서 가지고 놀던 개구리가 금개구리였는지 참개구리였는지도 기억 안 나고 사진 자료로 찾아본 금개구리의 실제 크기가 어느 정도인지 감도 없이 무작정 금개구리를 찾아보겠다고 저수지를 돌고 또 돌았다.

 금개구리 찾아 삼만리를 하는 동안 여름이 지나고 가을도 지나서 개구리를 볼 수 없는 겨울이 되었다. 결국 금개구리를 찾지 못한 채. 어찌어찌 시범 프로그램으로 겨울 프로그램을 두어 번 진행하고 그해 논배미 시민학교는 끝이 났다.

 다음 해, 제대로 계절별 프로그램이 완성되지도 않은 상태에서 봄부터 프로그램을 진행해야 했다. 발등에 불이 떨어져 당장 금개구리를 찾아야 한다는 마음으로 생태공원 모니터링에 돌입했다. 매번 돌던 코스로 돌다가 '오늘도 못 찾는구나!' 거의 포기하고 한 번도 안 가본 저수지 제방 아래 수로로 내려가 보았다.

수로에는 군데군데 진흙이 쌓여있기도 하고 수초가 자라기도 했다. 넓은 저수지를 그렇게 돌면서 찾았는데도 안보인 금개구리가 시멘트로 포장된 좁은 수로에 있겠냐 싶었지만, 혹시나 하는 마음으로 자세히 들여다보며 수로를 따라 걸었다.

물달팽이가 보였다. 실잠자리도 날아다녔다. 바람도 살랑살랑 불었다. 날이 참 좋았다.

"에휴~ 멸종위기종이라는데 그렇게 흔하게 보이겠어? 오늘도 허탕이네!"

그때 보이는 개구리. 등에 보이는 선명한 금색 융기선 두 줄.

"와우~~심 봤다~~~"

 청개구리만큼 작은, 아니 그것보다도 더 작은 개구리가 보였다. 그것도 한 마리가 아니고 여러 마리가. 올챙이에서 개구리가 된 지 얼마 안 되어 보이는 어린 금개구리가 수로의 수초 위에 떡하니 앉아 있었다.

 1년이 걸려 금개구리를 찾은 이 기쁨을 누구와 함께 나눌까?
 복권에라도 당첨된 것처럼 흥분해서 논배미 시민학교를 함께 진행하는 선생님께 전화했다.

"쌤~~ 금개구리 찾았어요~~ 저수지 아래 수로 있잖아요~? 거기에 있더라고요~ 다음부터는 아이들 데리고 여기로 와야겠어요~"

그날 이후 생태공원에서 금개구리가 너무나 잘 보였다. 그렇게 오랫동안 보겠다고 찾아다닐 때는 코빼기도 안 보이더니 한번 본 후로는 작아도, 보호색을 띠고 있어도 그렇게 잘 보일 수가 없었다. 옛말에 백번 듣는 것보다 한번 보는 게 낫다더니 그 말이 딱 맞았다.

아이들한테 금개구리에 대해 해설할 때도 실체를 보여줄 수 있다는 생각에 덩달아 내 자신감도 충천해서 목소리가 더 커졌다.

요즘 논배미 시민학교에 체험하러 오는 아이들에게 금개구리를 찾아 보여주면 나한테 묻는다.

"선생님은 어떻게 그렇게 잘 찾아요?"

"응, 선생님은 딱 보면 알아요."

당진시 송산면 당산리에 있는 당산생태공원은 멸종위기 야생생물인 금개구리와 가시연 서식지다. 겨울에 큰고니를 비롯한 많은 철새가 도래하는 곳으로 그 중요성이 인정되어 환경부에서 자연환경보전·이용시설로 지정받아 생태공원으로 조성되었다.
시에서는 생태공원을 활용한 생태체험 교육프로그램을 만들어 운영하려는 계획을 세웠고 '논배미 시민학교'라는 제목으로 2016년 시범 운영 이후 당진시 지속가능발전협의회에서 지금까지 위탁운영 하고 있다.

으스스한 울음소리, 호랑지빠귀를 아시나요?
- 집값 안 올라도 '숲세권'이 좋은 이유

우리 아파트는 숲세권[1]에 있다.

결혼해서 처음 살던 아파트에서 아이를 함께 키우면서 친하게 지내던 분들이 다들 뿔뿔이 흩어져 다른 아파트로 이사 갔다. 누구는 학교가 가까운 곳으로, 누구는 터미널이 가까운 곳으로. 대부분 '입지가 좋다'고 말하는 곳으로 이사할 때 나는 이 집을 선택했다. 베란다 창문 밖으로 산이 보이는 게 좋아서.

시내 한복판에 있는 아파트지만 봄이 오면 앙상했

---

[1] 숲이나 산이 인접해 있어 자연 친화적이고 쾌적한 환경에서 생활할 수 있는 주거 지역

던 나뭇가지에 연두색 새잎이 돋고, 군데군데 피는 산벚나무꽃과 연보라색 오동나무꽃을 보면서 특별히 어디 가지 않아도 거실에 앉아서 계절을 느낄 수 있는 풍광이 좋았다.

 산에 가면 다양한 새들을 볼 수도 있었다. 까만 넥타이를 맨 박새, 뒤통수에 짧은 꽁지머리를 단 진박새, 까만 베레모를 쓴 쇠박새, 나무에 거꾸로 매달려 고개를 쳐드는 모습이 인상적인 동고비, 턱과 정수리의 노란색 깃이 멋진 노랑턱멧새, 도토리를 여기저기 숨겨놓는 어치, 땅콩을 손에 놓고 기다리면 포르르 날아와 물고가는 귀염둥이 곤줄박이.

 드르르르~ 드르르르~ 칼질에 능숙한 중식 대가의 칼질 소리와 비슷하다고 할까, 밴드부의 드럼연주자가 드럼을 신나게 두드리는 소리와 비슷하다 할까?

존재를 소리로 드러내는 딱따구리들도 산다. 딱따구리 중에 제일 작은 쇠딱다구리, 등에 흰색 V를 장착한 오색딱다구리, 배에 줄무늬가 특징인 큰오색딱다구리, 깃털이 올리브색인 청딱다구리.

아파트로 둘러싸인, 사람들이 산책 겸 운동 삼아 오르는 야트막한 작은 산이지만 생각보다 많은 새들이 살고 있다. 여름이 되면 천연기념물[2]인 소쩍새나 솔부엉이 소리도 들린다.

소쩍소쩍~

저녁 무렵 거실에 앉아 빨래를 개고 있는데 앞산에서 소쩍새 소리가 났다. 소쩍새는 봄에 찾아와 번식하고 가을에 돌아가는 여름 철새다. 봄이 되면 매년 앞

---

[2] 국가유산청에서 지정해 법률로써 보호하는 동식물, 지형 등 자연유산

산에서 소리가 들리기 때문에 3월 말쯤 되면 소쩍새 소리가 들리는지 주의를 기울인다.

 야행성으로 낮에는 주로 나무에서 쉬고 조용한 밤에 먹이활동을 하는 녀석이라 실제로 본 적이 없는데, 유난히 선명하게 들리는 소리에 아직 날이 밝아 소리를 쫓아가면 만날 수 있지 않을까 하는 마음에 서둘러 카메라와 쌍안경을 챙겨 나갔다.

 소리가 들리는 쪽으로 오솔길을 따라 걷기도 하고 길이 아닌 곳을 헤치고 다니며 두리번두리번 나무 위쪽을 쌍안경으로 샅샅이 훑어보았지만, 소쩍새는 보이지 않았다. 한 시간 남짓 계속 나무 위를 올려다보고 다녔더니 슬슬 목도 아프고 날도 어두워져서 그만 포기하고 터덜터덜 내려오는 길이었다.

산 아래엔 사람이 살지 않는 다 쓰러져가는 오래된 한옥이 있다. 지붕은 기왓장도 없이 서까래가 다 드러나고 흙벽도 무너져버린 옛날 집. 집 뒤엔 대나무밭이 있어 바람 불 때마다 흔들려 부스스 소리를 냈다. 마당 한쪽엔 오래된 감나무 한 그루가 서 있고 감나무 아래엔 기다란 줄기에 하트모양 열매를 주렁주렁 매단 냉이가 무성했다.

 그때였다. 무성한 냉이 사이로 뭔가 움직임이 보였다.

 '와우~~~' 나는 소리 없는 환호성을 질렀다.

'호랑지빠귀'였다.

몇 년 전 산에서 예쁜 새소리에 섞여 휘파람 소리 같기도 하고 쇠끼리 긁혀 끼~익 하는 것 같은 소리를 들은 적이 있었다. 처음엔 근처 공사장에서 나는 소리인 줄 알았는데 나중에 그 소리가 '호랑지빠귀' 소리라는 것을 알았다. 소리의 주인공을 안 뒤에도 실물을 보지 못했는데 드디어 만난 것이다. 그다지 예쁜 소리도 아니고 심지어 밤에 들으면 뭔가 으스스한 기분이 드는 소리를 내는 '전설의 고향'[3] 분위기가 느껴지는 소리의 주인공.

호랑지빠귀는 예뻤다. 몸은 황갈색이었고 날개깃을 빼고 몸 전체에 초승달 모양의 검은색 무늬가 있었다.

---

[3] 우리나라에 전해지는 전설, 민간 설화 등을 모티브로 KBS 드라마본부에서 제작된 고전 형식의 시추에이션 드라마. 구미호나 귀신 등 주로 무서운 소재가 많았다.

검은 무늬 때문에 얼룩덜룩한 게 그래서 호랑지빠귀라고 했구나 싶었다.

 자칫 날아갈까 나는 숨죽이고 가만히 서서 지켜보았다. 그 녀석은 마당과 주변을 구석구석 돌아다니며 열심히 땅속 지렁이를 잡아먹었다. 가끔 잠깐씩 힐끔거리긴 했지만, 다행히도 지척에 있는 나를 그다지 신경 쓰지 않았다.

 새 사진을 잘 찍기 어려운 건 식물이나 다른 동물에 비해 거리를 가까이 주지도 않지만 마주쳤을 때 앗!

하고 카메라를 드는 순간 예민해서 포르르 날아가 버리기 때문이다. 그래서 새를 찍는 사람들이 먼 거리를 당겨 사진을 찍을 수 있는 줌렌즈를 장착한 '대포 카메라'를 들고 다니고 위장막으로 잠복하는 이유이다. 그래야 깃털 한올 한올, 홍채 색까지 선명한 살아있는 사진을 담을 수 있다.

나는 보급용 카메라로 관찰 기록용 사진을 찍기 때문에 그런 분들의 사진에 비하면 보잘것없는데 이렇게 가까이 거리를 주고 나를 신경 안 쓴다는 건 정말 크나큰 행운이 아닐 수 없다. 게다가 실컷 사진을 찍으라는 듯이 내 주위를 맴돌며 열심히 먹이활동 삼매경에 빠진 호랑지빠귀.

나는 조심조심 카메라 셔터를 눌렀다.
일부러 찾지 않은 우연한 만남은 몇 배의 큰 기쁨을 준다. 소쩍새를 만났어도 좋았겠지만, 소쩍새 덕분에 우연히 만난 호랑지빠귀는 그보다 더 큰 기쁨을 주었다.

지금 우리 집으로 이사한 후 부동산에 일가견이 있던 한 지인이 우리 집에 놀러 와서 이렇게 얘기했다.

"여기는 학교도 멀고 터미널도, 마트에 가기도 애매한 위치인데 왜 여기로 이사 왔어? 입지가 별로라 집값도 잘 안 오를 것 같은데."

집값은 정말 잘 안 올랐다. 지금도 비슷한 시기에 지어진 다른 아파트 같은 평수에 비하면 집값이 싼 편이다. 하지만 '숲세권' 우리 집을 고른 내 선택에 후회는 없다.

이날 운 좋게 찍은 호랑지빠귀 사진은 국립생태원의 탁상용 달력에 실리는 영광을 얻었다.

너도 자라면 나뭇가지에 개구리를 걸어 놓겠지
- 때까치가 먹이를 보관하는 방법

  당산생태공원 모니터링을 하다가 나뭇가지에 개구리가 걸려있는 걸 보았다. 마치 대나무에 생선을 꿰어 말리듯 개구리가 나뭇가지에 끼여 걸려있었다.

'개구리가 왜 나무에 걸려있지?'

근처에서 시끄럽게 우는 새소리가 들렸다.

"때때때때때~ 때때때때때~~~"

나뭇가지에 앉아 이쪽저쪽 고개를 돌리며 두리번두리번, 꽁지깃을 좌우로 까딱까딱하며 시끄럽게 울어대는 새 한 마리. 참새보다 약간 큰 덩치에 머리는 갈색, 등은 회색에 검은색 날개깃 가지고 있는 텃새. 때까치다. 쾌걸 조로[4]의 검은색 가면처럼 수컷 때까치는 두껍고 검은 눈선을 가지고 있다. 야무지게 다문 부리는 갈고리 모양으로 먹이를 뜯기 좋게 발달 되었다. 덩치는 작아도 개구리, 장지뱀, 메뚜기, 쥐나 작은

---

[4] 미국 작가 존스턴 매컬리(Johnston McCulley)가 1919년 오락 잡지에 연재한 단편 소설 주인공으로 안대 모양의 검은색 가면을 쓴 영웅.

새 등을 먹고 사는 맹금류다운 포스로 전깃줄이나 나뭇가지에 앉아 매서운 눈초리로 땅 위를 훑는다.

 알고 보니 때까치는 잡은 먹이를 나뭇가지에 걸쳐 놓는 습성이 있다고 한다. 먹이를 먹이 창고에 모아두거나 여기저기 땅속에 숨겨놓는 습성을 가진 동물들이 있다. 때까치는 이렇게 나뭇가지에 먹이를 걸어두고 찾아 먹는 저장 습성이 있나 보다.

 언제 어느 때 가도 항상 먹을 것이 들어 있는 부모님 댁 냉장고가 생각났다. 부모님을 모시고 살아 큰아들도 아닌데 큰집 노릇을 30년 넘게 해오신 우리 부모님은 언제 손님이 오더라도 대접할 음식이 있어야 했기에 음식 재료를 저장해둬야 했다. 그 습관은 자식들 결혼시키고, 다 늙어서 분가한 후에도 계속되었다. 걸어서 음식 재료를 살 수 있는 아파트에 사는데도. 다만 그 냉장고 속 재료들이 기다리는 게 그냥 손님들이 아닌 자식들로 바뀌었지만.

 싱싱할 때 드시라고 이제 냉장고에 음식 재료를 쟁이실 필요 없다고 말씀드려도 오래된 습관은 쉽게 없어지지 않았다. 냉동실에는 테트리스 게임에서 조각들을 쌓듯 차곡차곡 더는 내줄 자리가 없다 싶게 빈틈없이 꽉 차 있다. 선물로 들어온 소고기부터 드시라고 보내 드린 냉동식품, 다진 마늘까지. 싱싱하고 맛날 때 안 드시고 언제 올지도 모를 손님을 위해 냉동실에 넣어둔다. 너무 깊이 들어있는 것은 있는지도 몰라 너무 오래되어 버리기도 하고.

 며칠 후 나뭇가지에 걸려있던 개구리는 없어졌다. 혹시나 때까치가 걸어놓은 먹이가 있을까 모니터링 때마다 유심히 나뭇가지를 살펴보며 다녔는데 어느 날은 개구리가, 어느 날은 메뚜기가 꽂혀있었다.

 어떤 것은 며칠 내에 금방 없어지기도 했다. 어떤 것은 한참 지나 말라비틀어져 포가 될 때까지도 그 자리에 그대로 있을 때도 있었다. 아마도 잊어버린 모양이다.

 "때때때때때때~~"

 때까치가 또 시끄럽게 운다. 생태공원에서 번식했나 보다. 둥지에서 나온 지 얼마 안 되어 보이는 아기 새가 근처 복숭아 나뭇가지에 불안불안하게 앉아 소리가 나는 쪽을 보고 있었다. 조금 떨어진 나뭇가지 꼭대기에 어미 새가 아기 새를 부른다. 이제 먹이를 받아먹을 때가 지났으니 어서 나는 연습을 열심히 해서 직접 먹이 사냥을 하라는 듯.

아기 새가 어미 새의 부름에 포르르 어설픈 날갯짓으로 가까운 가지로 날아가 앉는다. 저 아기 새도 자라면 개구리를 잡아 나뭇가지에 걸어놓겠지.

다리가 짧아서 받은 오해, 섭섭했쥬?
- 능력 있고 얼굴 귀여운 뱁새의 본명은 붉은머리오목눈이

 새를 보는 일은 매번 놀라움의 연속이었다. 작은 새는 모두 '참새'라고 생각했는데 우리 주변에 사는 작은 새들이 참새 말고도 아주 다양했다.

 그중 가장 놀라웠던 것이 '뱁새'였다. '뱁새가 황새 따라가다 가랑이 찢어진다'라는 속담을 수없이 보고 듣고 써먹었지만, 뱁새와 황새를 실제로 본 적이 없다는 사실이 놀라웠다. 속담에 나올 정도의 새라면 아주 흔하게 볼 수 있는 새였을 텐데, 그 속담을 쓰면서 한 번도 새가 어떻게 생겼는지 궁금해했던 적이 없었고 그냥 막연히 작은 새인가 보다 여겼다.

 쌍안경과 조류도감을 사고 새를 보러 다니면서 속담의 주인공인 뱁새와 황새를 만났다. 뱁새와 황새의 처지는 극과 극이었다. 뱁새는 여전히 우리 주변에서 아주 흔하게 볼 수 있지만, 황새는 우리나라에서 멸종되었다가 복원 사업으로 돌아온 귀한 주인공이 되었다.

 실제로 뱁새는 키가 작은 나무나 덤불이 우거진 곳, 갈대밭에서 여러 마리가 재잘거리며 우르르 무리 지어 몰려다니는 새를 유심히 본 사람이라면 한 번쯤 보았을 새이다. 덤불 사이를 슝슝 요리조리 잽싸게 날아다니는 새라 크기도 손바닥에 쏙 들어갈 만큼 작다. 그러니 당연히 '숏다리'일 수밖에.

그에 비해 황새는 옛날 사람들이 큰 새라는 의미로 '한5)새'라고 부를 정도로 키가 큰 새이다. 지금은 멸종되었다가 복원된 개체들을 일부 지역에서 볼 수 있지만, 예전에는 전국적으로 번식하는 텃새였다고 한다.

 우리나라에서 볼 수 있는 새 중 가장 키가 큰 새는 두루미인데 겨울 철새이고 일부 지역에서만 볼 수 있어서 아마도 속담 속 롱다리의 주인공이 두루미가 아닌 황새가 되었나 보다.

 황새는 실제로 보면 큰 키에 매서운 눈매, 두껍고 긴 까만색 부리가 30cm 정도나 되어 보이는 외모에 압도당할 정도로 카리스마 넘치는 새이다.

---

5) 일부 명사 앞에 붙어 '크다'라는 의미를 더하는 우리말

"와~ 저 부리에 찍히면 최소 사망이겠다."

내가 황새를 처음 봤을 때 내뱉었던 말이다.

키가 크니 다리 또한 얼마나 '롱다리'겠는가. 그런 황새를 뱁새가 따라가려 하면 당연히 가랑이가 찢어질 수밖에.

뱁새와 황새의 실제 모습을 보니 그 속담이 더 이해됐다.

하지만 능력 없고 분수도 모르는 속담 속 부정적인 이미지가 뱁새로서는 억울할 것 같다. 작은 부리로 지푸라기를 물어와 야무지게 한땀 한땀 정성스레 엮고 거미줄을 걷어와 단단히 고정해 지은 작은 둥지에서 몰골이 부스스해지도록 열심히 새끼를 키워내는데. 심지어 둥지에 탁란[6]한, 밥 달라고 벌린 입에 머리가 들어갈 정도로 자기보다 몇 배나 큰 뻐꾸기 새끼도 열심히 벌레를 잡아 날라 먹여 키워내는 바지런쟁이라 '작은 고추가 더 맵다'라는 속담에 더 잘 어울리는데.

저 부리로 뭘 먹을 수 있을까 싶은 하찮고 작고 뭉툭한 부리. 얼굴에 오목하게 콕 박힌 까만 구슬같이 땡그란 눈, 연갈색 깃털에 정수리가 적갈색인 귀엽고 앙증맞은 뱁새의 본명은 '붉은머리오목눈이'이다.

---

[6] 알을 낳는 동물이 다른 개체의 둥지에 알을 낳아 그 둥지의 주인이 자신의 새끼를 대신 키우도록 하는 것

"우왕~ 귀여워~ 데려다 키우고 싶다."

붉은머리오목눈이를 실제로 본다면 누구나 이런 생각을 하지 않을 수 없을 것이다. 나 역시 그랬으니.

집주변 작은 나무들 사이, 습지의 갈대 사이사이로 우르르 몰려다니며 재잘대는 작은 새들을 유심히 보면 붉은머리오목눈이를 만날 수 있다.

붉은머리오목눈이처럼 흔하게 볼 수 없지만 귀여움이 붉은머리오목눈이 버금가는 깜찍이 '흰머리오목눈이'도 있다. 하얀 솜뭉치 같은 얼굴에 노란색 아이섀도를 한 까만색 눈을 가진 흰머리오목눈이.

인터넷에서 우연히 본 흰머리오목눈이 사진은 내가 쌍안경을 구매하고 탐조에 입문하게 된 계기가 되었고 '이렇게 예쁜 새를 집에서 키울 수는 없으니 보러 가야지' 하는 맘으로 새를 보게 되었다.

하지만 아쉽게도 아직 흰머리오목눈이를 실제로 본 적이 없다.

개망초, 개웃긴 이름인가요?
- 정성 들여 가꾸지 않아도 알아서 잘 피는 야생화

   봄이 지나고 여름 문턱에 들어서면 시골 들판이든 도시 길가든 어디서나 쉽게 만나는 꽃이 있다. 보통 어른 무릎에서 허벅지가 닿을 정도의 키에 지름 2cm 정도의 하얀 꽃을 피우는 '개망초'이다.

   줄기 끝에 꽃이 모여 핀다. 꽃 가장자리 꽃잎처럼 보이는 하얀색 혀꽃[7]에 가운데 샛노란 색 꽃술처럼 보이는 통꽃 다발이 마치 계란프라이를 해 놓은 것같이 보인다.

---

[7] 혀 모양으로 생긴 꽃으로 설상화라고 한다.

"계란꽃이다."

아이들은 개망초꽃을 보면 십중팔구 다 이렇게 부른다.

생태 해설을 할 때 '개망초'라는 이름을 알려주면

"크크크 개망초래."

이름이 웃긴다는 반응이다.

개재밌어, 개웃겨, 개지루해 등 요즘 아이들이 뒤에 오는 말을 강조하는 의미로 많이 붙여 사용하는 '개'를 떠 올리며 재밌어한다.

개망초는 북미가 원산지인 귀화식물[8]로 일제 강점기에 우리나라에 들어오는 선박을 통해 유입됐다고 한다. 참 예쁘게 생긴 꽃인데 어쩌다 이런 이름으로 불리게 되었을까 궁금해 여기저기 어원을 찾아보니 서식지를 공유하는 망초와 개망초가 함께 거론된다.

왜 '망초'일까? 먼저 '망초'라는 이름의 유래를 찾아보니 개망초와 망초는 비슷한 시기에 우리나라에 들어왔고 그 시기가 우리나라 주권을 빼앗겼던 시기라 망할 망자를 써서 망초라고 했다는 설이 있다. 하지만 망초의 '망'이 '망할 망(亡)'이라는 근거는 찾아볼 수 없다고 한다.

다른 어원으로는 '풀 우거질 망(莽)'의 망초(莽草, 망풀)라는 기록이 있다고 한다. 망초와 개망초는 둘

---

[8] 외국에서 들어와 우리나라에서 자리잡고 자연적으로 번식하며 살아가는 식물

다 무성하게 자란다. 어느 곳에서나 금세 터를 잡아 무성하게 자라는 특성상 이것이 더 정확할 것으로 여겨진다.

'개망초'라는 이름은 '망초'라는 이름에 개망초의 일본 이름인 이누요메나(犬嫁菜)[9]의 '개(犬)'를 붙여 '개망초'로 부르게 된 것 같다는 학자들의 견해가 있다. 개망초를 '왜풀'이라고도 불렀다는 정보도 나오는데 그 이름에서도 일본과 관련이 있다는 것을 유추할 수 있다.

그렇게 본다면 요즘 아이들이 사용하는 '개'의 의미를 적용해도 딱 맞지 않는가?

어디서나 엄청 무성하게 우거져 꽃을 피우는 풀, 개

---

[9] 1921년 『조선식물명휘(朝鮮植物名彙)』 속에 나오는 개망초의 일본명

망초.

아이들이 사용하는 '개'를 보면 '굉장히', '엄청', '매우'와 같이 강조와 정도가 심하다는 의미로 사용하니 엄청 무성하게 우거지는 개망초에도 딱 맞는 것 같다.

개망초의 어원에 대해 알아보다 알게 된 또 한 가지 사실.

우리나라에는 어쩌다 들어온 외래식물인 개망초가 북미 필라델피아에서 자라는 핑크 플리베인(pink fleabane)이라는 들꽃이고 이 들꽃을 일본이 원예용 식물로 들여왔다고 한다. 그러나 더 화려하고 눈에 띄는 다른 원예종 꽃들에 점점 밀려났고 원래 들꽃인지라 야생에 너무나 잘 적응해 밭까지 번지는 바람에 잡초 취급을 받게 되었다고.

 어쩌다 우리나라에 터를 잡아 번성해 잡초 취급을 받는 개망초지만 더운 여름날 초록의 줄기와 흰 꽃은 우리 눈을 시원하게 해줄뿐더러 그 수수하고 소박한 이쁨에 보는 이의 마음을 설레게 하는 매력이 있다. 아마도 북미 필라델피아 어느 들판에서도 이런 매력을 뽐내고 있었겠지.

 6~7월쯤 사람 발길이 뜸해 관리가 안 된 공원이나 주인이 농사를 짓지 않고 묵힌 밭을 꽉 채워 피어있는

개망초꽃을 볼 수 있다. 화려한 원예종으로 잘 가꿔놓은 그 어떤 정원과 견주어도 전혀 빠지지 않는다.

흐드러지게 피어있는 개망초 꽃밭을 가만히 보고 있으니 감탄사가 절로 나온다.

"와~ 개이쁘다."

2부

자연에서 추억하기

이름을 불러주세요
- 저마다 이름 가진 갖가지 풀꽃들

나는 내 이름이 좋았다. 중학교 때까지 나와 이름이 같은 사람을 주변에서 보지 못했다. 원래는 '수연'이라는 이름으로 지으려다 바꿨다는 아빠 말씀에 내심 다행이다 싶었다. 친구 중에 수연이가 있었기 때문이다.

중학교 1학년 때 우리 담임 선생님은 20대의 젊은 국어 선생님이셨다. 학생들은 친구처럼 친근하게 대해주셨던 선생님과 꽤 친하게 지냈다.

어느 날 선생님께서 이런 말씀을 해주셨다.

"수정이 너는, 이름이 너랑 참 잘 어울리는 것 같애. 목소리도 그렇고."

 그날 이후 난 내 이름이 더 좋아졌고 뭔가 내 이름에 더 잘 어울리는 사람이 되어야겠다고 생각했던 것 같다.

 그런데 내 이름은 생각보다 흔한 이름이었다. 고등학교에 입학해 나와 성까지 똑같은 '김수정'을 처음 만났고, 대학에서도, 결혼해서 아이 키우며 만났던 분 중에도 같은 이름이 있었다. 그분은 자기 이름이 촌스럽고 싫다고 했지만 난 여전히 내 이름이 좋았다.

 스물여섯 살에 친구들보다 일찍 결혼하고 아이를 낳아 키우며 어느 순간 내 이름을 잃어버렸다. 아이들 엄마로 불리는 일이 더 많았고 그게 더 자연스런 내 호칭이 되었다. 6~7년 전업주부로 아이를 키우며 나는 '수정이'가 아니라 '에미'이거나 '○○ 엄마'였다.

 둘째 아이가 어린이집에 갈 무렵 동네 언니를 따라 도서관으로, 문화원으로 이것저것 배우러 다니게 되었다. 그때였나 보다. 내 이름이 불리는 게 얼마나 감사한 일인지 알게 된 것이. 강사님들이 '○○ 엄마'가 아니라 '김수정 씨', '수정 씨'라고 불러줄 때 순간 울컥했다. 공식적인 자리에서 누군가 내 이름을 부를 때의 느낌을 지금도 잊지 못하는 건 누구의 엄마가 아닌 나로서의 존재를 인정받았다는 느낌 때문이었던 것 같다.

 들판에는 수많은 종류의 풀들이 있다. 예쁜 꽃을 피워 사람들 눈에 띄어서 이름이 알려진 풀도 있지만 대부분의 풀은 사람에게 쓰임새가 없어 뭉뚱그려 잡초라고 부른다. 봄나물로 많이 먹는 달래. 냉이. 씀바귀는 노랫말에도 등장할 정도로 사람들에게 그 존재를 인정받고 있지만 뽀리뱅이, 지칭개, 광대나물, 주름잎, 별꽃처럼 주변에서 흔히 볼 수 있으나 사람들이 이름을 잘 모르는 풀들이 태반이다. 사실 사람들은 길가의 잡초에 눈길을 잘 주지 않는다. 그도 그럴 것이, 꽃이 피어도 너무 작아서 자세히 들여다보지 않으면 잘 안 보이기 때문이다.

따뜻한 봄이 되면 지천에서 가장 먼저 봄소식을 알리는 꽃이 있다. 개나리도 진달래도 아니고 매화나 목련도 아니다. 사람들 발길에 차이는 낮은 곳에서 봄을 알리는 '큰개불알풀' 꽃이다. 이른 봄 깨어난 꿀벌들에게 꿀과 꽃가루를 나눠주고 사람들에게는 봄을 알리는 앙증맞은 꽃. 자잘한 꽃 수백, 수천 송이가 무리지어 피어있는 모습이 마치 하늘색 융단을 깔아놓은 것 같다.

큰개불알풀의 이름을 들은 사람들은 이름이 부르기가 민망하다는 반응이 대부분이다. 이해인 수녀가 큰개불알풀을 보고 '봄까치꽃'이라는 시를 썼다. 그 시가 시작이었는지는 정확히 모르지만, 모습에 비해 너무 안 어울린다며 좋은 소식을 알리는 까치처럼 봄을 알리는 꽃이라 하여 '봄까치꽃'이라 부르자는 의견도 있다. 벌써 개명했다는 잘못된 정보도 나돈다.

하지만 여전히 이 풀의 정식 국명은 '큰개불알풀'이다. 어째서 이 예쁜 꽃을 피우는 풀을 이런 민망한 이름으로 불렀을까? 그 이유를 알고 싶다면 꽃만 보지 말고 꽃이 지고 난 후 맺힌 열매의 모양을 보라. 바로 "아!" 하게 된다. 그 이름은 눈에 확 띄는 꽃보다 다음 세대를 품은 열매 생김새에 더 의미를 둔 이름이다.

식물의 이름을 보면 어떤 식물은 부르기가 민망한 이름도 있고 한 번 들으면 귀에 쏙 박힐 정도로 예쁘거나 귀여운 이름도 있다. 유래가 정확하지 않아도 기본적으로 생김새나 생태적 특징, 식용 가능 여부, 향기 등이 다양하게 이름에 반영된다.

줄기를 자르면 아기 똥처럼 누런 진액이 나와서 '애기똥풀', 제비가 오는 시기에 핀다고 '제비꽃', 꽃이 별 모양이라 별꽃, 꽃봉오리가 말려있어서 꽃마리, 이삭이 강아지 꼬리 같아서 '강아지풀', 닭의 오줌 냄새가 난다고 계요등(鷄尿藤).

 어렸을 때 나물을 캐러 다녔고, 여름방학 때는 식물 채집 숙제도 열심히 했던 터라 나름 풀이름을 많이 알고 있다고 생각했다. 생태 해설을 하면서 내가 그동안 알고 있던 풀이름은 정말 몇 개 안 된다는 사실을 알았다. 풀이름을 하나하나 알게 되면서 그 풀은 나에게 그저 '잡초'가 아니었다. 풀이름을 아는 게 그렇게 중요하냐는 사람도 있지만 뭉뚱그려 잡초 중 하나일 때와 내가 이름을 알고 불러줄 때 그 풀을 대하는 내 마음이 달라진다. 길을 가다가 다른 사람들은 무심히 밟고 지나가도 나는 알아보고 한 번 더 눈길을 주게 된다.

 풀이 속삭인다. 나도 어엿한 이름이 있으니 그 이름을 기억하고 불러달라고. 내 존재를 알아달라고.

김춘수의 '꽃'이라는 시처럼 이름을 기억하고 불러 주는 순간 그 풀은 나에게 잡초가 아닌 그 '무엇'이 될 것이다.

본능에 충실했을 뿐이에요
- 봄날, 개구리들의 '잘못된 만남'

"난 너를 믿었던 만큼 난 내 친구도 믿었기에~~~" 90년대 중반 히트했던 가수 김건모의 '잘못된 만남'은 댄스곡이라 그 당시 나이트에서 댄스 타임에 많이 나오곤 했다. 어떻게 아냐고? 그때 그 노래에 맞춰 신나게 춤을 춰 봤으니까.

처음 나이트에 갔던 기억을 더듬어보자. 대학 방송국에서 성우부로 활동했던 나는 생일이 빨라 일곱 살에 학교에 들어가 대학생이 되었어도 나이트에 갈 수 없는 나이였다. 1학년 때 방송국 행사였던 방송제 뒤풀이였나? 아무튼 행사 뒤풀이에 단체로 간 나이트에

선배들 틈에 끼어 쭈뼛쭈뼛 들어갔었던 기억이 있다. 그 당시엔 지금처럼 아주 꼼꼼하게 신분증 검사를 하던 시절이 아니라 가능했던 일이었다.

'진짜' 성인이 되어 이제 떳떳하게 나이트에 들어갈 수 있었을 때 춤추는 걸 좋아했던 친구와 둘이 나이트를 갔었다. 오로지 댄스 타임에 춤만 추러. 술을 좋아하지 않았던 나와 내 친구는 나이트 가는 길에 슈퍼에 들러 음료수를 사 가방에 넣고 가서 열심히 춤만 추다 오곤 했다. 지금 생각하면 완전 나이트 민폐 캐릭터.

그때 댄스 타임에 단골로 나오던 곡이 김건모의 '잘못된 만남'이었다.

봄날, 산 아래 물이 고인 농수로나 물이 고인 습지 주변을 걷다 보면 자연의 치열함을 목격하게 된다. 겨울잠에서 깨어난 개구리의 번식을 위한 짝 찾기 경쟁이 그러하다. 찬바람이 아직 가시지 않은, 이제 곧 봄이 오려나 싶은 겨울 끝자락에 제일 먼저 산개구리 종류들이 알을 낳는다.

내가 자주 다니는 습지에는 '한국산개구리'가 산다. 입 가장자리에 흰 줄이 특징인 한국산개구리는 2월 말쯤 주먹만 한 알덩이를 낳는다. 크기가 작아 품을 수 있는 알도 적어 알덩이도 작다.

3월 초에는 두꺼비를 볼 수 있다. 모든 개구리의 짝짓기가 그러하겠지만 덩치가 커서인지 두꺼비의 짝짓기 경쟁은 더 치열해 보인다. 암컷 한 마리에 수컷 여러 마리가 달려들어 서로 떼어내려 뒷발길질을 해댄다. 경쟁자를 물리치고 암컷을 서로 차지하려고. 그러다 운 좋게 경쟁에서 이긴 녀석은 암컷 등에 올라타 암컷 배를 힘껏 껴안아 "얘 내꺼야" 찜을 하고 양 앞발을 이용해 열심히 암컷의 배를 눌러 알 낳는 걸 돕는다. 그리고 암컷이 낳은 알에 정액을 뿌려 종족 번식의 숭고한 임무를 완수한다.

 암컷 등에 올라탄 수컷을 보면 마치 엄마 등에 업힌 아기 같아 보인다. 암컷이 수컷보다 덩치가 훨씬 크기 때문이다. '떡두꺼비 같은 아들'이라고 표현하지만 실제로 '떡두꺼비' 느낌의 생김새는 수컷이 아니라 암컷이다.

짝짓기 시기에 서식지가 겹치는 양서류들에게 만나지 말아야 할 짝을 만나는 어이없는 경우도 종종 일어난다. 도롱뇽을 끌어안은 큰산개구리(산개구리 종류 중 크기가 가장 큰 개구리)나 황소개구리를 끌어안은 두꺼비가 관찰되기도 한다.

황소개구리는 1970년대 식용으로 사육하여 농가소득을 올릴 목적으로 수입했지만, 수익성이 없어 사육하던 것을 무단 방생해 전국적으로 개체 수가 늘어났고 워낙 포식성이 좋아 토종 생태계에 악영향을 끼쳐 결국 생태계교란종으로 지정됐다.

한때 두꺼비 덕에 개체 수가 줄었다고 근거 없는 이야기가 나돈 것은 황소개구리 등에 올라타 '빠떼루(파테르. 레슬링에서 벌칙 받은 선수가 엎드리고 공격하는 선수가 위에서 공격하는 자세) 자세로 "놓아주지 않을 거야" 하는 결연한 표정의 두꺼비 목격에서 비롯된 것이다. 어찌나 단단하게 붙잡는지 수컷 두꺼비에게 간택된 황소개구리는 결국 번식에도 성공하지 못하고 어떤 경우 죽기도 한다. 그렇다면 두꺼비 덕에 황소개구리 개체수가 줄었다는 게 전혀 근거가 없는 건 아니라고 봐야 하나?

 금개구리는 등에 있는 금색의 융기선 두 줄이 특징인 개구리로 멸종위기 야생생물 2급으로 지정된 보호종이다. 황소개구리와 서식지가 겹친다. 논이나 저수지 같은 습지에서는 4월쯤 황소개구리 등에 올라탄 금개구리가 간혹 보인다. 황소개구리는 이름 그대로 황소 울음소리와 같이 우렁찬 울음소리를 낼 만큼 덩치가 크다. 금개구리는 작은 개구리에 속한다. 게다가 수컷은 더 작다. 어떤 경우는 암컷과 비슷한 크기의 어린 황소개구리를 고른 녀석도 있지만 자기 몸의 몇 배나 큰 황소개구리 등에 올라가 멍청히 앉아 있는 녀석도 가끔 보인다. 황소개구리 처지에서는 한 입 거리도 안 되는 금개구리가 올라앉은 게 얼마나 어이가 없을 것인가?

나는 카메라로 기록을 남기며 혼자 중얼거린다.

"아이고 이 녀석아~ 생태계교란종과 멸종위기종의 만남이라니. 짝을 찾아도 한참 잘 못 찾았어."

봄날, 번식 본능에 눈이 먼 개구리에게 일어나는 '잘못된 만남'이다.

꾀꼬리의 장르는 발라드, 트로트, 힙합
-'못 찾겠다 꾀꼬리'에 대하여

 산에는 하얀 아까시나무꽃이 주렁주렁 피어 향기가 한창이다. 마른 논에 물 대기가 시작되고 모내기를 할 무렵이면 밤낮으로 다양한 새소리가 들린다.

 이 시기에 들리는 새소리의 주인공은 번식을 위해 먼 거리를 날아와 짝을 찾는 여름 철새들이 대부분이다. 노래방에서 노래 실력으로 자신을 어필하려는 남성들처럼 암컷을 유혹하여 짝을 찾기 위한 수컷들이 누구보다 치열하게 노래를 부른다.

뻐꾹~뻐꾹~뻐꾹~

객객객객~

소쩍~소쩍~

뻥뻥~뻥뻥~

히히~호호~히히~호호~

 어떤 새소리는 흉내 내기 쉽지만 사람 소리나 글자로 표현하는 게 어려운 경우가 많다. 사람들도 발라드나 트로트, 힙합 등 다양한 장르 중 한 가지 장르에만 특화된 사람도 있고 모든 장르를 섭렵하는 사람이 있는 것처럼 새 중에서도 다양한 소리로 노래를 부르는 새들이 있다. 단음으로 소리를 내거나 같은 소리를 반복해 내는 새소리는 그나마 흉내 내기 쉬운 편이지만 여러 음으로 예쁘게 우는 새소리는 흉내 내기 어렵다.

삐융~ 뽀로롱~ 삐융~ 뽀로롱~

산책 중에 제법 가까이 굉장히 맑고 청아한 새소리가 들렸다. 어떤 새가 이렇게 예쁜 소리로 노래하나 싶어 소리가 들리는 쪽을 한참 동안 유심히 지켜보아도 좀처럼 모습을 보여주지 않았다. 소리를 따라가 보면 분명히 아주 가까이에서 소리가 들리는데 아무리 찾아도 새가 보이지 않았다. 소리가 들리는 나무 바로 아래서 목을 한껏 뒤로 젖히고 나무 위가 뚫어져라 올려다보았다. 아까시나무였다. 아무리 열심히 찾아봐도 무성하게 자란 잎과 흐드러지게 핀 꽃만 보였다. 목이 떨어지게 아파 더 찾기를 포기하고 나무 아래서 걸어 나오면서 못내 아쉬워 돌아보았다.

'분명히 저기 있는데.' 생각하면서.

이젠 못 찾겠지, 생각하고 방심하는 사이 쓱 하고 샛노란 색의 새가 날아갔다.

그 청아한 소리의 주인공은 꾀꼬리였다.

"꾀꼬리는 꾀꼴꾀꼴 우는 거 아니었어?"

뻐꾸기는 '뻐꾹뻐꾹', 꿩은 '꿩꿩', 노래하듯 꾀꼬리는 당연히 '꾀꼴꾀꼴' 노래할 거로 생각했다.

'아니, 저렇게 샛노란 색이 왜 안 보이는 거지?'

그 순간 생각나는 어렸을 때 숨바꼭질하다가 더 찾기 어려우면 외쳤던 말.

"못 찾겠다 꾀꼬리~"

그 소리를 외치면 분명히 내가 찾아본 곳인데 그쪽에서 숨어있던 친구가 쪼르르 나왔다.

꾀꼬리는 소리가 들려서 찾으려면 안 보여도 우연히 날아가는 건 엄청 눈에 잘 띈다.

'아! 그래서?'

그때는 아무 생각 없이 외쳤는데 왜 그렇게 외쳤을까 꾀꼬리를 찾아보다 이해가 되었다. 정말 잎이 무성한 시기에 나무에 앉아 있는 꾀꼬리는 어떤 색보다도 눈에 잘 띄는 샛노란 색이어도 생각보다 찾기가 어렵다. 그래서 그렇게 외쳤을까?

뽀비뵤~뽀비뵤~뽀비뵤~

뾰뾰~ 삐용~~뾰뾰~삐용~~

피용~~ 피용~~

삐리리 뽕~ 삐리리~뽕~

뾰~ 뽀로롱~ 뾰~ 뾰로롱~

꾀꼬리는 다양한 소리로 노래한다. 목소리가 좋은 사람에게 꾀꼬리 같은 목소리라고 표현하는 것처럼 꾀꼬리 노랫소리는 맑고 청아하다.

요즘 짝을 찾는 꾀꼬리 소리가 귀를 즐겁게 한다. 고구려 유리명왕 '황조가'의 '펄펄 나는 저 꾀꼬리 암수 서로 정답구나' 대목처럼 꾀꼬리는 일부일처제로 암수가 함께 새끼를 키운다. 어떤 경우 작년에 태어난 일년생 새끼가 동생들을 돌보는 헬퍼(helper) 역할을 하기도 한다.

숨바꼭질하듯 나뭇가지 사이로 살짝살짝 모습을 보여주던 꾀꼬리가 모습을 감췄다. 잠시 후 멀리 같은 방향으로 꾀꼬리 한 쌍이 날아간다. 함께 날아가는 걸 보면 숲 어디쯤 나뭇가지에 대롱대롱 매달린 둥지를 마련하고 아무도 안 보이게 꼭꼭 숨어서 알을 낳아 함께 새끼를 키울 예정인가 보다.

새소리는 위험신호를 알리거나 경고, 의사소통을 위한 울음소리(call)와 번식을 위해 암컷을 유혹하려는 노랫소리(song) 두 가지로 나눌 수 있다. 울음소리는 짧고 간결하며 소리가 그다지 예쁘지 않다. 번식을 위한 노랫소리가 당연히 훨씬 듣기 좋다.
물론 모든 새가 다양한 노랫소리를 내는 건 아니며 꾀꼬리처럼 다양한 소리로 노래하는 새들을 명금류(鳴禽類)라고 한다.

어릴 때 없어서 못 먹은 '이것', 지금은요?
- 풍성한 추억으로 남은 띠 이야기

오랜만에 참여한 동창회.

"니덜 그거 먹어봤냐?"

어렸을 적 얘기를 한참 하던 중에 한 친구가 툭 던진 말. 추억 더듬기를 시작했다.

"찔레 순 먹어봤어?"

"야 그럼~ 새로 나온 순 꺾어서 껍질 까서 먹었지"

"우덜 어렸을 때는 뭐 먹을 게 있었냐? 그런 거 먹었지. 너 칡뿌리 캐 먹어봤나?"

"당연하지 임마. 암칡 뿌리는 깨물면 알도 찍찍 나오고 달착지근하니 맛있는디"

"맞어. 칡뿌리 많이 먹으면 입도 새까매지고 그맀지. 옷에 묻으먼 물들기도 허구"

"삐비두 먹어봤지? 그거 뽑어서 껍질 까고 안에 하얀 속살 빼서 껌처럼 질겅질겅 깨물다가 뱉구 그맀는디"

"기냐? 나는 삼켰는디?"

서로 경쟁하듯 나는 먹어봤는데 너는 먹어봤냐고 어릴 적 추억을 늘어놓는다.

용돈이라는 게 없던 시골 아이들한테 가게 안에서 파는 과자는 '그림에 떡'인 시절이었다.

학교 다녀오는 길에 보이는 앵두나 보리수, 뽕나무 열매인 오디 같은 게 간식이었다. 남의 집 앵두를 따먹어도 '서리'라고 그냥 애들의 장난으로 여기던 때였다. 열매는 익는 시늉만 해도 지나가는 아이에게 따먹혔고 찔레순도 자라기가 무섭게 먹혔다.

친구들이 얘기하던 '삐비'는 논두렁 같은 데 많이 나는 풀이다. 봄에 새로 나온 걸 손으로 잡아당겨 뽑아서 겉껍질을 벗겨내면 안에 하얀 게 들어 있었다. 그걸 빼내서 씹으면 달착지근한 맛이 났다. 어떤 것은 아직 여려서 부드럽게 목으로 넘어가기도 하고 좀 더 시기가 지나 먹으면 살짝 질겨서 껌처럼 씹다가 뱉기도 했다. 한 움큼 뽑아 들고 먹으면 배가 부르지는 않아도 입이 심심하지는 않았다. 먹을 게 풍족하지 않았던 시골 아이들에게 삐비는 좋은 간식거리였다.

삐비는 여린 시기가 지나 먹을 수 없게 되면 잊혔다. 앵두와 보리수가 익으면서 자연스레 다른 간식거리로 우리의 관심이 바뀌었다. 오로지 먹을 수 있는 간식거리로써만 삐비를 찾았기 때문에 삐비의 이삭이 나와 꽃이 피고 열매를 맺는 모습까지 지켜보는 아이는 없었다.

생태해설을 하면서 어릴 때 삐비라고 부르며 뽑아 먹었던 그 풀은 벼과 식물 '띠'라는 것을 알았다.

 우리가 먹던 건 꽃이 피고 열매가 맺힐 띠의 이삭이다. 잎에 감싸여 꽃을 피울 준비를 하는 중에 우리 눈에 띄어 뽑히면 꽃도 피워보지 못하고 먹혔던 것이다.

 6월 어느 날 남편과 갯벌에 새를 보러 갔다가 바닷가에 은백색의 밍크 꼬리털처럼 보드라운 이삭들이 하늘하늘 바람에 물결치는 게 보였다.

 "자기야 어렸을 때 삐비 먹어봤지? 이게 삐비야."

"그래? 삐비? 없어서 못 먹었지."

"우리가 삐비라고 부른 게 '띠'래. 이렇게 무리 지어 피어있으니 멋지지 않아?"

 어렸을 때는 이렇게 띠가 한곳에 무리 지어 은백색 물결치는 모습을 본 기억이 없는 것 같다. 관심이 없어서였을까? 이삭 나오기 전에 많이 뽑아먹어서 그랬던 것일까?

 띠는 다른 벼과 식물처럼 여러해살이 식물로 씨앗과 땅속줄기로 번식한다. 사람들이 관리하는 곳에 있으면 잡초로 취급되어 제거 대상이지만 뽑아낼 때 조금의 뿌리라도 남아있으면 살아남아 번식해서 쉽게 제거하기 어렵다고 한다. 그래서인지 그렇게 이삭을 뽑아 먹혀 꽃을 피우지 못했어도 꿋꿋하게 번식하고 살아남았다.

언젠가 찔레 순을 꺾어 아이들에게 보여주면서

"이건 찔레나무 새순인데 선생님이 어렸을 땐 이런 걸 먹었어요. 먹어볼 사람?"

"저요. 저요. 쌤, 제가 먹어볼래요."

여러 명의 경쟁을 뚫고 찔레 순을 받아먹은 아이는 엄청나게 기대하는 표정으로 입에 넣더니

"퉤퉤~ 쌤 이게 무슨 맛이에요? 이런 걸 왜 먹었어요?"

몇 번 씹은 찔레 순을 뱉어내며 세상 맛없다는 표정을 지었다.

삐비를 맛보여주면 어떤 반응을 보일까?

먹을게 풍족해져 뽑아먹는 사람이 없는 지금, 띠는 은백색 물결로 어릴 적 추억을 더듬게 한다.

3부 — 실수를 고백하자면

발밑 조심! 봄날 산에 간다면
- 노루귀에 대한 이토록 긴 오해

일반 가정집에 컴퓨터가 흔하지 않은 시절이었다. 뭐든지 다른 사람들보다 한 박자 느리게 시작하는 나는 컴퓨터를 장만하고 도토리[10]를 주고받던 '싸이월드'[11]도 유행이 한참 지나 뒤늦게 시작했다.

열심히 다른 사람 싸이월드에 파도타기[12]를 하다 우연히 진분홍색의 예쁜 꽃 사진이 맘에 들어서 사진을 퍼왔다. 그 당시엔 온라인에서 저작권이나 초상권을

---
[10] 싸이월드 공간에서 아이템을 구매할 때 쓰는 사이버머니
[11] 내 공간에 사진이나 영상을 올리고 간단하게 꾸미며 온라인에서 다른 사람들과 소통할 수 있는 미니홈피
[12] 싸이월드가 유행할 당시 사용했던 신조어로 사용자끼리 '일 촌'이라는 친구를 맺고 일 촌의 홈피에서 다른 일 촌의 미니홈피를 방문할 수 있었던 기능

크게 문제 삼지 않았던 때여서 다른 사람 글을 보다가 맘에 드는 사진이나 글을 퍼 나를 수 있었다.

  퍼온 사진은 '백 년에 한 번 피는 대나무꽃'

"아~ 대나무꽃이 이렇게 생겼구나."

  내가 어렸을 때 우리 집 뒤란에는 대나무밭이 있었지만, 꽃이 핀 것을 본 적이 없었다. 백 년에 한 번 꽃을 피우니까 내가 못 봤나보다 생각했다.

  나는 그 사진을 내 미니홈피에 퍼 나른 뒤 싸이월드를 그만두고 카카오스토리에 이어 페이스북으로 갈아탄 후에도 한참을 잊고 있었다.

봄기운이 올라 산에, 들에 꽃이 한창일 때 야생화 사진을 찍으러 간다는 친구를 따라 '노루귀'라는 야생화를 보러 갔다.

땅에 쌓인 낙엽을 비집고 10cm 남짓 쏘옥 올라온 꽃대는 보송보송 솜털이 있었다. 끝이 둥근 꽃잎처럼 보이는 6장~11장 정도의 꽃받침 안에 암술, 수술이 모여 있는 오십원짜리 동전 크기만 한 꽃이 꽃대 끝에 피어있었다. 꽃은 주로 흰색이나 연분홍색이고 간혹 색이 좀 진한 분홍색도 있었다.

그때까지 노루귀를 도감에서만 보았다. 실제로 본 적이 없었기 때문에 산에서 노루귀를 봤을 때 보물을 찾은 것마냥 좋았다.

 피어있는 모양이나 색깔이 예쁜 노루귀를 골라서 어떤 방향에서 찍으면 사진이 더 예쁘게 찍힐까, 어느 높이에서 찍으면 좋을까 생각하며 정신없이 카메라 셔터를 누르던 중 내 발에 밟힌 노루귀꽃을 보았다.

 "앗! 미안하다. 내가 이쁜 사진에 욕심부리다 널 못 봤구나."
 사진 모델로 선택받지 못한 노루귀나 이제 막 틔운 새싹과 다른 작은 풀꽃들도 주변에 많다는 걸 깨닫고 아차 싶었다.

겨우내 낙엽에 덮인 땅속에서 웅크리고 있다가 따듯한 봄기운에 힘들게 올라온 여리디여린 생명이 예쁜 사진 욕심에 생각 없이 내디딘 내 발에 밟혀 죽는 건 한순간이었다.

발밑을 조심해야지. 까치발로 조심조심 다니며 예쁜 노루귀 모습을 사진에 담으면서 어디서 본 듯한 익숙한 꽃이라는 생각을 했다. 그 순간 떠오르는 싸이월드 대나무꽃. 그 꽃이 바로 노루귀였다. 그 사실을 인지하는 순간 나의 무지로 인한 창피함에 몸 둘 바를 몰랐다.

굳이 변명하자면 싸이월드에서 사진을 퍼오던 그 당시엔 내가 노루귀라는 식물의 이름도 몰랐을뿐더러 지금처럼 사진만 넣으면 무슨 꽃인지 자동 검색해서 알려주는 스마트한 애플리케이션 같은 게 없던 때라서.

 대나무꽃을 검색이라도 해 볼걸. 아니, 대나무꽃이 맞는지 한 번쯤 의심이라도 해봤어야 했다. 생각 없이 사진을 퍼온 행동이 후회스러웠다. 의심 없이 받아들인 잘못된 정보를 공유하는 바람에 그 당시 내 미니홈피에 들어와서 그 사진을 본 사람들도 그렇게 알고 있겠다 싶으니 창피해서 얼굴이 화끈거렸다.

 노루귀는 꽃이 지고 나서 잎이 나온다. 뿌리에서 나온 긴 잎자루 끝에 달걀모양의 세 갈래로 갈라진 잎이 달리는데 잎자루와 뒷면에 솜털이 많이 있다. 솜털이 난 잎이 처음 나올 때 말려서 나오는데 그 모양이 노루귀를 닮아서 붙여진 이름이라고 한다. 노루귀의 꽃색은 흰색, 연분홍색, 진분홍색, 청보라색 등 다양하다. 지금은 꽃이 없이 잎만 봐도 알아볼 수 있는 노루귀에게 그때의 내 무지함에 대해 용서를 구한다.

 공원이나 관광지에 가보면 공공기관에서 세운 안내판에도 사실 확인 없이 제작되어 잘못된 정보들이 종종 발견된다. 손에 들린 휴대폰에 검색만 해도 알 수 있는 스마트한 시대에도 잘못된 정보들은 무지하고 무관심한 사람들에 의해 퍼진다.

 봄날에 만난 노루귀는 나의 무지함을 인지하게 하고 정보의 중요성을 알게 했으며 봄날의 산행엔 발밑을 조심해야 한다는 걸 깨닫게 했다.

대나무는 여러해살이 식물로, 주로 땅속줄기로 번식하며 여러 그루인 것처럼 보이지만 대나무숲은 한뿌리에 연결된 몇 개체인 경우가 많다. 일반 식물처럼 매년 꽃이 피지 않고 종류와 환경에 따라 주기가 다른데 주기가 100년 넘게 긴 것도 있을 정도로 꽃이 자주 피지 않아 흔하게 보기 어렵다. 벼과 식물로 이삭 같은 형태로 꽃을 피우며 보통 꽃이 필 때 같은 뿌리에서 나온 줄기에서는 동시에 꽃이 핀다. 꽃을 피우기 위해 땅속줄기의 양분이 많이 소모되어 보통 꽃이 피고 난 후 대나무가 집단으로 죽는 현상이 많이 나타난다. 땅속줄기로 번식할 수 있으므로 굳이 많은 에너지를 쏟아 꽃을 피울 이유가 없으나 유전자 다양성을 위해 꽃을 피우는 것으로 추측한다.

부자가 된 것 같았다, 버들붕어를 키우니까
- 야생 동물은 야생에서 관찰하겠어요

7월 여름의 습지는 땡볕이다. 그늘이 없어 몇 발짝만 걸어도 땀이 삐질삐질, 머리는 어질어질. 현장에 왔으니 뭐라도 많이 보여주고 싶은데 인솔하는 나도 참여하는 학생들도 정말 힘들다. 학생들을 땡볕 아래 데리고 다니는 게 쉽지 않다.

보조강사로 참여하는 동네 이장님에게 수업 전날 부탁드렸다.

"이장님, 아이들 보여주게 통발[13]설치해서 황소개

---
[13] 입구로 들어간 물고기는 거슬러 나오지 못하고 뒤쪽 끝으로 안에 든 물고기를 꺼낼 수 있게 만든 통처럼 만든 고기잡이 기구

구리라도 잡아주세요."

"이, 그려."

"내일 아침 수업 전에 가지러 갈게요."

수업 한 시간 전쯤 채집통을 들고 이장님 댁으로 갔다.

"이장님, 황소개구리 잡혔어요?"

"이, 논 가생이 물 내려가는 곳이다가 통발 설치 혔더니 황소개구리도 잡히고 뭐가 많이 잡혔어. 거기 통 열어 봐봐."

황소개구리, 올챙이, 붕어, 미꾸라지, 드렁허리에 버들붕어도 들어있었다.

"와 이걸 어디서 잡으셨어요? 버들붕어도 있네요?"

"그게 버들붕어여? 해설사 선생은 그런 것두 잘 아네?"

"저도 처음 봤어요."

아이들 보여줄 생각에 신이 났다. 채집통에 옮겨 담아 수업 준비를 하며 아이들이 얼마나 좋아할까 기대가 되었다.

내가 가장 흥분했던 건 열대어만큼이나 멋진 모습의 토종 물고기 버들붕어였다. 사진으로만 봤지만 딱 보고 알 수 있었다. 7~8cm 정도의 크기에 아가미뚜껑 위 푸른 점, 몸에 있는 검은 줄무늬와 길고 화려한 지느러미. 번식기에 제대로 혼인색을 띤 버들붕어였다.

물고기는 생태공원 수업 중에 채집 관찰이 어렵다. 가끔 팔뚝만 한 잉어나 가물치가 물속에서 헤엄쳐 다니는 것을 보여주는 게 물고기 관찰의 전부였다. 물고기를 채집해서 이렇게 가까이 보여주는 것도 처음인데 게다가 버들붕어라니.

예상대로 버들붕어는 인기였다. 뱀처럼 긴 드렁허리는 징그럽다며 소리를 지르면서도 신기해했지만, 버들붕어를 본 학생들과 인솔 교사도 다들 감탄하며 관찰했다. 인솔 교사 중 한 분은 데려가서 키우고 싶다고 했다. 이런 반응을 예상하긴 했지만 실제로 기대했던 반응이 나오니 뭔가 다른 곳에서는 보기 어려운 특별한 것을 관찰할 수 있도록 미리 준비했다는 생각에 뿌듯했다.

1900년대 초 일본도 탐내서 우리나라에서 데려갔

다는 버들붕어. 민물고기 덕후들이 탐낸다는 그 물고기. 그런 버들붕어이니 말해 뭐 해. 완전 대박이지.

"여러분이 이런 생물들을 관찰할 수 있는 건 여기 계신 이장님께서 여러분을 위해서 미리 채집해서 준비해 주셨기 때문이에요. 우리 이장님께 감사하다고 인사드릴까요?"

이장님 덕분에 무사히 한여름 수업을 잘 진행할 수 있었다. 수업이 끝나고 채집된 생물들을 풀어주는데 버들붕어가 너무 멋있어서 욕심이 났다.

"이장님, 버들붕어 너무 이쁘죠? 놔주기 아까워요."

"집이 갖구 가서 키워."

이장님 말씀에 스멀스멀 올라오는 욕심을 억누르며
"그럼 안 돼요. 야생 동물을 데려다가 키우면 안 되는 건데."

"뭐 어뗘. 잘 키우먼 디지."

이 한마디는 내 욕심에 면죄부가 되어주었다.

"그럼 한번 키워볼까요?"

거울을 보지 않았어도 그때 내 표정이 충분히 그려진다.

버들붕어 한 쌍을 덜컥 집으로 데려왔다. 물고기를 키워본 적도 없는, 애완동물 키우는 것도 반대하던 내가, 순전히 버들붕어를 계속 보고 싶은 마음에 욕심을 부렸다.

 어항이 없어서 일단 커다란 채집통에 버들붕어를 담아놓고 개구리밥[14]이랑 통발이랑 넣어주고 당장 인터넷에 버들붕어를 검색했다. 어떤 생태적 특성이 있는지 먹이는 뭘 줘야 하는지 어떻게 키워야 하는지. 중고 거래 앱에 어항 구한다는 글도 올리고 물고기 먹이를 샀다.

 버들붕어는 물이 흐르지 않고 정체되어 있는 농수로에 서식하는 물고기다. 물의 흐름이 없어 산소가 부족한 환경에서도 잘 산다. 보통 물고기들처럼 아가미로 숨을 쉬며 물에 녹아있는 산소를 이용하기도 하지만 '라비린스'라는 기관이 있어서 공기 호흡도 가능하다고 한다.

---

[14] 포충낭으로 벌레를 잡아먹는 여러해살이 수초(水草)

예전에는 저수지, 둠벙, 농수로에 많았지만, 농약 사용으로 환경이 오염되고 농수로에 시멘트 관을 묻기 시작하며 자연형 농수로가 줄어들면서 지금은 수가 많이 줄어들었다.

산란기 때 수컷은 지느러미가 길어지고 화려한 멋진 모습으로 변신한다. 하필 내가 버들붕어를 딱 이때 본 것이다. 그러니 반할 수밖에.

어항을 구하고 수초도 사다 꾸민 다음 버들붕어를 넣었다. 거실 한쪽에 어항을 두고, 난 부자가 된 것 같았다. 수시로 어항을 들여다보았다. 수컷이 암컷의 꼬리지느러미가 상할 정도로 암컷 꽁무니를 집요하게 쫓아다녔다.

"하여튼 수컷들이란."

어항 수면에 공기 방울들이 보였다. 버들붕어는 수컷이 물에 뜬 수초 주변에 거품으로 집을 만들고 암컷을 유인해 알을 낳게 하는 습성이 있다. 수컷이 열심히 거품 집을 만들기는 했지만, 어항이라는 공간이 낯설었는지 암컷은 수컷의 노력을 알아주지 않았다. 그저 쫓아오는 수컷을 피해 좁은 어항 속에서 요리조리 피해 다닐 뿐.

몇 달 지나 어느 날 암컷이 죽었다. 수명이 다한 건지 어항이란 공간에 스트레스를 받은 건지 모르겠다. 덩그러니 혼자 남은 수컷이 너무 외로워 보여 수족관에서 파는 버들붕어 준 성어를 사다 넣어주었다. 그런데 내 어항 관리가 문제가 있었던 건지 사다 넣어준 녀석들도 하나둘 죽고 결국 수컷도 우리 집에 온 지 1년 3개월 만에 죽었다.

버들붕어의 수명이 2~3년 정도라고 한다. 우리 집에 올 때 혼인색이 짙은 성어였기 때문에 어쩌면 제 수명을 다했다고 생각할 수도 있지만 아무래도 야생의 녀석들을 데려온 것에 미안함이 컸다. 그때 욕심을 부리지 말 걸 후회했다.

물고기 집사를 자처하고 나의 첫 물고기 버들붕어를 보낸 후 지금 그 어항은 지인에게 분양받은 구피가 차지하고 있다. 워낙에 번식력 좋다고 소문이 난 구피는 우리 집 어항에서도 폭풍 번식을 해 여러 번 분양해 주고도 어느샌가 또 어항을 바글바글 채운다.

구피를 보며 다시 한번 생각했다. 야생의 것은 욕심내지 말자고.

실수를 고백하자면

생태해설사도 몰랐던 '이것', 함께 알아가요
- 친환경 논에서 볼 수 있는 풍년새우

뜰채와 햇반 용기 하나씩 들고 각자 논둑에 앉아서 논 생물을 채집해서 관찰하는 체험 중이었다.

"선생님 이게 뭐예요?"

한 아이가 채집통에 뭘 담아서 들고 왔다.

"우와~ 신기한 걸 발견했네?"

당황스러웠다. 올챙이, 소금쟁이, 물자라나 거머리 정도나 있겠지 생각했는데 한 번도 보지 못한 생물이

라. '어 이게 뭐지?' 아무리 봐도 난생처음 보는 생물이었다.

"선생님 이게 뭐냐구요?"

호기심 어린 눈으로 나를 빤히 쳐다보며 재차 묻는데 난감해졌다.

"글쎄 선생님도 처음 보는 거라 이름을 모르겠다. 이게 뭔지 찾아보고 다음에 알려줄게. 우리 친구가 관찰력이 엄청 좋은데? 다른 생물도 더 찾아볼까?"

실수를 고백하자면

당황한 내색하지 않고 자연스럽게 어물쩍 둘러대고 핸드폰으로 열심히 사진을 찍었다.

몸길이는 2cm 남짓, 몸 전체가 투명해서 까만색 눈 두 개가 점처럼 보였다. 다리인지 지느러미인지 모를 연두색 털 같은 것이 많이 달려 있었고 그걸 움직여 누워서 배영하는 것처럼 헤엄쳐 다녔다. 배 부분엔 알집처럼 보이는 게 있었고 꼬리 부분은 주황색을 띠고 있었다.

'이런 게 논에 살고 있었단 말이야?'

농부의 자식으로 태어나 어렸을 때부터 논 주변에 살았는데 지금까지 이런 생물을 본 적이 없다. 제초제나 살충제 같은 농약 사용으로 인해 논에는 벼 이외의 생물이 살기 어려운 환경이 된 탓이기도 하지만 어렸을 땐 논 생물을 그다지 관심 있게 들여다본 기억이 없다. 학생들 앞에서 내가 너무 놀라 호들갑을 떨면 '모냥 빠질 것' 같아서 아무렇지 않은 척 반응했지만, 속으로 적잖이 놀랍고 신기했다.

  집에 와서 '논 생물'로 폭풍 검색해 보니 사진이 나왔다. 이름은 '풍년새우'. 풍년새우가 논에서 많이 관찰되면 그해에는 풍년이 든다는 옛말이 있다고 한다. 비료가 없던 시절 논에 물이 마르고 풍년새우가 죽으면 논에 자연적으로 거름이 되어 벼가 잘 자랄 것이라는 생각에서 비롯되었다고 추측하는 의견이 있었다. 과학적으로 증명이 된 건 아니지만 일리가 있어 보였다.

  오염되지 않은 논이나 웅덩이에서 5월~7월 사이 한 달 정도만 짧게 관찰되는 갑각류. 휴면기에 말라 있던 논에 물을 채우면 알이 2~3일 내 부화한다. 몸이 투명하고 11개의 가슴다리가 있는데 가슴다리에 아가미가 붙어있다고 한다. 가슴다리에 조류가 붙으면 녹색으로 보이기도 한다는 설명이 있었다. 관찰했을 때 털처럼 보인 것은 다리에 붙어있는 아가미였고 조류가 붙어있어 연두색으로 보인 것 같다. 배 부분에 알집처럼 보이는 것이 있었으니 채집된 녀석은 암컷이었나 보다.

 암컷은 논바닥에 알을 낳고 죽는다는데 논이 마르면 그 알이 어떻게 되는 건지 궁금해 여기저기 자료를 찾아보았다. 풍년새우의 알은 사막처럼 건조한 환경에서도 생존할 수 있고 물이 없으면 부화가 가능한 조건이 될 때까지 오랫동안 휴면기를 갖는다고 한다.

 벼 성장에 맞춰 물을 채우거나 물을 빼고 말리는 논의 특성에 딱 맞게 적응한 생존 방식이 신기했다.

풍년새우가 관찰된 논은 겨울철에 도래하는 새들을 위해 농약이나 화학비료를 사용하지 않고 친환경으로 벼를 재배하여 수확하지 않고 남겨두는 논이다. 그 덕분에 풍년새우를 볼 수 있었나 보다.

풍년새우를 자세히 보고 싶어 며칠 후에, 논에 다시 가보았다. 친환경 농사를 짓는 그 주변의 다른 논에서도 풍년새우가 보였다. 그전에도 있었겠지만 못 보았고, 관심이 생기니 잘 보였다. 관찰력이 좋은 아이 덕분에 또 하나의 생물을 알게 되었고 논 생물에 대해서 더 관심이 생겼다.

그 아이에게 관찰했던 생물이 풍년새우라고 알려줬는지 기억이 나질 않는다. 아마도 다시 못 만났던 것 같다. 매년 풍년새우가 보일 때쯤 되면 그 아이 생각이 난다. 지금쯤 고등학생이 되었을 텐데.

나를 함부로 건드리지 마세요
- 반짝이는 매력에 숨겨둔 무기

　지하 주차장에 차를 세우고 계단을 올라가던 중이었다. 반짝이는 뭔가가 바닥에서 움직이고 있었다. 몇 계단 올라가다 다시 내려와 확인해 보니 나를 유혹하던 반짝임의 주인공은 진홍단딱정벌레였다.

　언젠가 죽은 진홍단딱정벌레를 보고 광택이 나는 예쁜 빛깔이 매력적이라고 생각했었는데 살아있는 녀석을 만나 반가웠다.

　약 4cm 정도 되어 보이는 작지 않은 크기에 입은 갈고리 모양의 이빨처럼 보이는 게 양쪽에 있고 전체적으로 긴 호리병 모양이다. 몸 전체가 광택이 나며 딱지날개 윗면에는 울룩불룩 튀어나온 점들이 줄지어 있다. 지하 주차장을 이리저리 돌아다녔는지 먼지를 살짝 뒤집어쓰기는 했지만 딱지 날개의 붉은 구릿빛 반짝임으로 존재를 충분히 드러내고 있었다.

"아이고 이 녀석아, 어쩌다 지하 주차장에 들어왔니?"

 살아있는 녀석을 처음 만났으니 예쁜 모습을 사진으로 남겨야지. 핸드폰으로 사진을 찍으려니 요리조

리 피해 다녀 잘 찍을 수가 없었다. 여러 장을 찍었지만, 확인해보니 초점이 안 맞거나 움직여서 제대로 찍힌 사진이 별로 없었다. 자연광이 아닌 지하실 조명으로 예쁜 빛깔을 사진으로 담기엔 부족했다. 한참을 쪼그리고 앉아 쫓아다니며 사진 찍다가 입 모양을 자세히 보고 싶다는 생각에 손으로 집어 들었다.

그 순간 뭔가 이상한 냄새가 풍겨 왔다. 위험을 느끼면 방어물질을 내뿜는 곤충들이 있다는  건 알고 있었는데 이 녀석도 그런가 보다 했다. 냄새가 썩 좋지 않았다. 얼른 내려놓고 사진 몇 장을 더 찍은 후에 지하 주차장에 계속 두면 안 될 것 같아서 지하 주차장에서 들고나와 아파트 화단에 놓아주고 집에 들어왔다.

손가락에서 그 냄새가 진하게 풍겨왔다. 비누로 손을 씻었는데도 코에 냄새가 배인 것처럼 계속 나는 것 같았다.

'뭔데 이렇게 냄새가 지독하지?'

진홍단딱정벌레를 인터넷에 검색했다. 딱정벌레 중 위협을 느끼거나 자극을 느끼면 '벤조퀴논'이라는 방어물질을 내뿜는 녀석들이 있는데 진홍단딱정벌레도 그중 하나였다.

잡았던 손가락이 얼얼한 느낌이 들었다. 살짝 화상을 입은 것처럼 피부가 부풀어 올랐다. 벤조퀴논의 독성을 검색해 보니 피부 접촉 시 괴사를 일으킬 수 있다고 나와 있었다. 물론 작은 딱정벌레가 내뿜는 양으로 피부 괴사까지 되지는 않았으나 한동안 내 손가락의 얼얼함은 계속되었다. 결국 피부가 약한 화상 입은 후 나타나는 증상처럼 물집 잡힌 것같이 보이다가 살짝 벗겨졌다.

반짝이는 매력에 빠져 함부로 건드렸다가 냄새 공격에 피부 자극까지. 자연은 함부로 건드리면 큰코다친다는 곤충의 경고를 제대로 맛보았다.

4부
___
자연과 함께 살아요

1년 800만 마리 사망, 이렇게 줄였어요
- 생태환경교육 강사의 새 보는 방법

  습지에서 겨울 생태체험 교육프로그램을 진행하기 위해 새를 보기 시작했다.

  새를 관찰하는 것은 곤충이나 식물 관찰과는 장비에서부터 달랐다. 움직이지 않는 식물과 가까이에서 관찰이 가능한 곤충을 관찰하고 기록할 때는 스마트폰만 있으면 되었다. 새는 그렇지 않았다. 가까이 볼 수도 없고 가까이 가면 날아가 버렸다. 멀리 있는 새는 스마트폰으로 사진을 찍어도 어떤 새인지 알아볼 수가 없었다.

새를 제대로 관찰하기 위해 쌍안경과 조류도감을 샀다. 도감을 보니 우리나라에서 볼 수 있는 새들이 541종(2014년 개정판)이나 되었다.

"우와~ 우리나라에서 볼 수 있는 새가 이렇게나 많다고?"

도감을 보면서 내가 아는 새가 몇이나 될지 세어보니 실제로 보았고 이름도 아는 새는 몇 되지 않았다. 이제 쌍안경도 샀으니, 본격적으로 새를 관찰해보자 마음을 먹었다. 겨울 철새는 덩치가 큰 오리류가 많고 물에서 주로 생활하는 새들이라 탁 트인 넓은 저수지에 앉아 있어서 관찰하기 수월했다.

추위를 많이 타는 나한테 겨울 탐조는 쉽지 않았다. 손도 시리고 바람이 불어 눈물, 콧물이 줄줄 나왔다.

그래도 새의 생김새와 이름을 하나하나 알아가는 재미가 쏠쏠했다. 탐조는 은근히 중독성이 있었다.

새 관찰을 하는 사람들이 소통하는 공간에서는 보기 힘든 새를 관찰하거나 지금까지 보지 못한 새로운 새를 보는 '종 추가'에 대한 관심이 높았다.

어쩌다 'SNS'에서 투명방음벽 야생조류 충돌에 대한 글을 보게 되었다. 관련 정보들을 검색해 보니 우리나라에서만 일 년에 약 800만 마리, 하루에 약 2만 마리나 되는 야생조류들이 도로의 투명방음벽과 유리창에 부딪혀 죽는다는 국립생태원의 연구 결과가 있었다. 충격이었다.

새를 보기 전이었다면 어쩌면 "그래? 참 안타까운 일이네." 하고 넘겼을지도 모른다. 애초에 그런 내용의 글에 관심을 두지 않아 자세히 보지 않았을 수도 있다. 하지만 새를 보면서 새에 대한 애정이 생겼고 이런 글에 너무 화가 나고 마음이 아팠다.

'나는 왜 새를 보는 거지?'

생태환경교육을 하기 위해 새를 보게 되었기 때문에 취미로 새를 보는 다른 탐조인 들과 새를 보는 이유가 달라야 한다고 생각했다. 더 많은 새로운 새를 보는 것도 좋지만 새의 생태를 알고 새를 지키기 위해 노력을 하는 것이 나에게 주어진 의무처럼 느껴졌다. 우리 지역의 투명방음벽에서 얼마나 많은 새들이 죽어가는지 조사해 보고 싶었다. 하지만 혼자 하기엔 여러 가지로 쉽지 않은 활동이었다.

몇 년 동안 주말에 함께 활동한 청소년 생태환경 동아리 친구들과 함께해 보자 마음먹었다. 자주 지나다니는 도로변 투명방음벽 조류 충돌이 얼마나 심각한지 조사하기로 했다.

처음 활동을 제안했을 때 기관 담당자가 걱정하며 물었다.

"근데요 선생님, 조사했는데 조류 충돌 사체가 없으면 어떡하죠?"

안전을 위해 활동 내용을 알리는 노란 현수막을 대문짝만하게 붙인 차를 도로변에 세웠다. 눈에 잘 띄는 노란색 조끼를 입고 학생들과 나는 투명방음벽 주변을 샅샅이 뒤졌다.

헉! 첫날 조사에서 멸종위기 야생생물 2급이자 천연기념물인 참매와 새매 사체를 발견했다. 갓 죽어 마치 살아서 날아갈 것 같은 꿩, 노랑지빠귀, 멧비둘기 사체와 이미 백골이 되어 알아볼 수도 없는 새의 뼈들이 다수 조사되었다. 투명방음벽은 새들의 무덤이었다.

"선생님, 진짜 많네요. 심각한데요?"

기관 담당자의 우려는 첫날 조사에서 말끔히 해소되었다. 참여한 학생들도 처음엔 설렁설렁 장난치며

찾더니 하나하나 발견되니 놀라는 눈치였다.

 꽃 피는 봄부터 땡볕에 구슬땀이 흐르는 한여름을 지나고 누런 황금 들판이 넘실대는 가을 초입에 들어설 때까지 한 달에 한두 번 현장 조사를 했다. 그해 활동에서 총 16종, 52마리의 충돌 사체가 조사기록 되었다.

 결과를 바탕으로 충돌 사체가 다수가 발견된 방음벽에 조류 충돌 저감 스티커를 붙이는 사후 활동을 진행했다. 연구에 의하면 새들은 가로 10cm, 세로 5cm 이하의 공간은 빠져나갈 수 없다고 여긴다고 한다. 투명한 유리창이나 방음벽에 그 간격에 맞춰 줄을 늘어뜨리거나 점을 찍거나 스티커를 붙여주면 통과할 수 없는 장애물로 인식해 피해 가기 때문에 충돌을 예방할 수 있다고 한다.

충돌 저감 스티커를 붙이는 활동은 학생들뿐 아니라 다양한 참여자들이 이뤄낸 성과였다. 주관단체인 당진 남부사회복지관 직원분들은 활동에 필요한 재료 준비부터 참여단체와 봉사자 모집 등 모든 부분을 꼼꼼히 챙겼고, 지역의 자원봉사자분들도 열심히 참여해 주었다. 조류 충돌 저감 스티커 시공업체인 네이처홀릭에서 부착구간 전체 방음벽 세척 작업과 자원봉사자가 부착하기 힘든 구간 시공을 맡아주었다. 조류 충돌 연구 기관인 국립생태원에서도 휴일임에도 지원을 나와 저감 스티커를 붙이는 이유에 대한 설명과 함께 익숙한 손놀림으로 스티커 부착을 도와주었다. 생태원을 통해 연결된 LG헬로비전에서는 후원금과 현장 활동 지원뿐 아니라 이날 활동을 촬영하고 참여자들 인터뷰한 내용을 뉴스로 보도하며 야생조류 충돌에 대해 홍보도 해주었다. 무엇보다 파출소, 의용소방대, 엄마 순찰대 등 지역의 여러 단체의 교통안전 통

제와 협조가 있었기에 가능한 일이었다.

 스티커 부착과 더불어 더 많은 사람에게 조류 충돌의 심각성을 알릴 목적으로 학생들과 함께 충돌 사체로 발견된 16종의 새들을 그려 당진 문예의 전당 전시실 계단에 전시하였고 그해 활동은 그렇게 마무리했다.

 다음 해, 스티커를 부착한 구간과 안 한 구간을 조사해 결과를 비교해 보는 활동을 해 보자고 다시 제안했다. 참여한 학생들에게 본인들의 활동이 어떤 긍정적인 결과를 가져왔는지 확인시켜 주고 싶었다. 대부분의 생태환경교육은 실천해야 하는 행동을 알려주고 그런 행동을 실천했을 때 가져올 수 있는 긍정적인 결과에 대한 설명으로 끝이 난다. 교육에 대한 효과를 가시적으로 확인하기 어렵다. 친환경 행동 실천에 대한 당위성을 전달하지만, 효능감[15]을 느끼기는 쉽지 않다. 하지만 이번 활동에서는 가능할 것 같았다.

 스티커 부착 구간과 부착하지 않은 새로운 구간을 정해 조사를 진행하기로 했다. 스티커 부착으로 조류 충돌을 100% 예방하진 못한다는 얘기를 들었다. 조사 첫날, 결과에 대해 반신반의하며 조사에 임했다. 결과는 놀라웠다. 스티커 부착 구간에서는 단 한 건의 충돌 사체도 보이지 않았다. 결과를 확인하는 순간 뜨거운 날 땀 흘리며 조사했던 수고로움에 대한 보상을 받는 느낌이었다.

---

[15] 특정한 상황에서 적절한 행동을 함으로써 문제를 해결할 수 있다고 믿는 신념 또는 기대감

새로운 구간의 조사는 역시나 예상했던 결과를 보였다. 조사 직전 부딪힌 아직 살아있을 것 같은 귀여운 붉은머리오목눈이와 오목눈이 사체는 너무 안타까웠다. 높고 긴 방음벽이라 결과는 예상은 했으나 생각보다 많은 사체에 더 충격이었다. 군데군데 붙어 있는 맹금류스티커는 효과가 없었다.

2년에 걸친 조사에서 총 21종 138개체 충돌 사체를 기록했다. 이번에도 일부 구간에 충돌 저감 스티커를 부착하고 지역 관광지에서 행사 부스를 운영하며 더 많은 시민에게 조류 충돌을 알리기 위한 캠페인을 진행했다.

가장 많은 사체가 조사된 구간은 자원봉사로 부착할 수 있는 높이와 규모가 아니고 예산도 많이 필요해 시 차원에서 부착해야 한다는 생각이 들었다. 관심 있는 시의원 몇 분과 학생들의 간담회를 추진했다. 학생들에게 개인 실천과 더불어 문제 해결을 더 적극적으로 할 수 있는 방법에 대해 알려주고 싶었다. 간담회의 목적은 당진시 야생조류 충돌 저감 조례를 제정해 달라는 의견 전달과 조사구간 중 자원봉사로 부착하기 어려운 곳에 저감 스티커 부착을 건의하기 위함이었다.

2년에 걸친 투명방음벽 야생조류 충돌 조사 활동은 간담회를 끝으로 마무리했다. 환경문제를 직접 조사하고 지역의 여러 단체와 협력해서 문제를 해결해 보는 활동, 관련 정책 제안을 위한 간담회 경험은 학생들뿐 아니라 나에게도 좋은 경험이 됐다.

2025년 새로 발표된 조류 목록에 의하면 우리나라에서 관찰된 조류의 종수는 598종이라고 한다. 내가 산 도감 발행연도인 2014년에서 10년 정도 지나는 동안 약 60종이 늘어났다. 우리나라에도 탐조인이 늘어나고 성능 좋은 장비를 갖추면서 관찰되는 새가 많아졌다. 게다가 기후변화로 인해 예전엔 우리나라를 찾지 않았던 새가 찾아오고 이상기후로 인해 길을 잃어 우연히 우리나라에서 관찰되는 새들이 많아졌기 때문이다. 하지만 전체 야생조류의 수는 지속해서 감소하고 있다.

새를 보는 사람들과 교류하다 보니 각자 새를 보게 되는 과정과 이유가 다르고 새를 보는 방법과 목적도 조금씩 달랐다. 새를 보는 이유가 달라도 새를 좋아하는 사람들이 늘어난 만큼 조류 충돌의 관심도 전보다는 많이 나아졌다. 관련 조례가 만들어진 지자체도 있고 다양한 단체에서 조류 충돌 방지를 위해 노력하고 있다.

요즘도 도로변 투명방음벽을 지날 때 유심히 바닥을 살피는 버릇이 있다. 이제 새로 설치하는 투명방음벽에는 충돌 저감 장치를 하도록 제도가 마련되어 더는 도로에 투명한 무덤이 추가로 생기지 않는다. 하지만 기존에 설치된 것과 개인이 소유한 유리 건물은 법적인 장치가 없어서 충돌로 인한 의미 없는 죽음은 계속되고 있으며 곳곳이 여전히 투명한 무덤이다.

하천 밑바닥 함부로 긁지 마세요
- 아이들에게 전하고 싶은 민물고기의 지혜

 청소년 대상으로 당진천에서 환경교육 프로그램을 운영해 보자는 제안을 받았다. 1회 차시 프로그램이 아닌 다 회 차시 프로그램. 물속 생물 관찰을 꼭 하고 싶었다. 당진 시내 하수관 정비를 통해 당진천 수질이 많이 좋아졌다 하고 천변을 걸을 때 보이는 물고기가 어떤 종인지 궁금했기 때문이다.

 사실 물속 생물에 대해서 많이 알지도 못하는 상태였다. 채집하고 함께 도감에서 찾아보는 방식으로 수업하면 될 것 같았다.

가슴 장화를 신은 몇 명은 족대를 들고 물에 들어가 채집하고 나머지는 채집된 생물을 도감에서 찾아보자고 했다. 중학생이라 생각보다 물에 들어가고 싶어 하는 친구들이 없어서 나도 가슴 장화를 신고 함께 들어갔다.

고백하자면 나는 족대질 경험이 거의 없었다. 민물고기라고는 농수로나 둠벙에서 잡히는 미꾸라지, 붕어, 피라미, 송사리, 장어, 메기나 아는 정도였다. 민물고기의 생태에 대해서 쥐뿔 아는 것도 없으면서 순전히 해보고 싶다는 이유로 무모하게 수업을 강행했다. 당진천에 어떤 물고기들이 살고 있을지 무척이나 궁금했던 터라 '이참에 나도 같이 공부하는 거지 뭐' 이런 생각이었다. 학생들에게 선생님도 물고기를 많이 모른다고 같이 채집해서 공부해 보자고 미리 얘기했다.

족대질을 하니 뭔가 계속 잡혔다.

'오~ 이거 재밌는데?'

숨겨졌던 수렵과 채집 본능이 다시 꿈틀거리는 것인가? 학생들보다 내가 더 신이 나서 족대질을 했다.

다슬기도 잡히고 재첩, 펄조개 같은 민물조개도 있었다. 물고기도 제법 잡히고 자라도 있었다.

도감을 준비했지만 이름을 모르니 찾기 쉽지 않았다. 수업 전에 미리 인터넷 검색으로 민물고기 사진을 많이 찾아보고 생김새와 이름을 기억하려고 노력했다. 하지만 실제로 본 게 아니라 수업 때 실물을 보고 알아보기 쉽지 않을 것 같았다. 아무리 학생들에게 선생님도 잘 모르니 같이 알아보자고 얘기한다고 해도 너무 모르면 민망할 것 같았다. 수업 전 민물고기를 전문으로 연구하는 분께 부탁을 드렸다. 채집된 물고기를 사진 찍어 자연 관찰을 기록하는 애플리케이션에 올릴 테니 보시고 바로바로 이름표를 달아달라고.

채집된 물고기 종류가 여러 가지였다. 채집통에 담아 사진을 찍어 얼른 애플리케이션에 올렸다. 피라미, 얼록동사리, 모래무지, 각시붕어, 가시납지리, 왜매치. 피라미 외엔 다 이름도 처음 듣는 생소한 물고기였다.

막상 물고기가 잡히니 학생들이 흥미를 갖기 시작했다. 처음엔 채집된 생물 종을 보고 당진천 수질이 어느 정도인지 확인해 보자는 게 취지였는데 채집에 재미가 붙어 시간 가는 줄 몰랐다.

채집에만 몰두하는 사이 수업이 끝나간다는 보조 선생님의 말씀에 급하게 전문가 선생님께서 알려주신 이름을 확인하고 학생들에게 알려주었다. 도감을 찾아 물고기에 대한 설명도 읽어보고 채집된 조개, 다슬기, 자라, 물고기를 사진을 찍어 기록을 해보라고 했다.

아이들은 당진천에 생각보다 많은 생물이 살고 있어서 신기하다고 했다. 수질이 우리가 생각하는 것보다 좋은 것 같다는 소감을 나누며 채집된 생물들을 다시 놓아주고 수업을 마무리했다.

학생들을 보내고 도구들을 정리하는데 보조 선생님께서 오시더니

"선생님, 아까 잡힌 물고기 중에 배에 기다랗게 실 같은 게 붙어있었는데 그게 뭐예요? 아이들이 물어보

더라고요."

"네? 배에 실 같은 게 붙어있었어요? 전 못 봤는데요. 기생충인가?."

"아! 기생충인가 봐요."

그때는 정말 몰랐다. 그 기다란 실 같은 게 무엇인지. 지금 생각하면 물고기 생태에 대해 하나도 모르는 내 무식함이 고스란히 드러나는 정말 창피하기 그지없는 대화였다.

민물고기 중 옆으로 납작한 체형을 가진 '납자루아과' 물고기들은 긴 산란관을 이용해 민물조개의 아가미에 산란한다는 사실을 알았다. 알을 안전하게 보호하기 위해 민물조개에게 위탁하는 방식이다. 물론 조개에게 허락을 받고 맡기는 것은 아니지만. 민물조개도 유생을 물고기 지느러미나 몸에 부착해 이동시키긴 하지만 이건 꼭 납자루아과 물고기에만 부착하는 게 아니라고 하니 서로 협의가 된 건 아니라고 볼 수 있다.

 알은 조개의 아가미 안에서 부화해 충분히 성장해 헤엄칠 수 있게 되면 조개 밖으로 나온다고 한다. 민물조개를 잡아 물고기가 없는 어항에 넣어 놓있는데 어느 순간 물고기가 생기는 것은 이런 이유이다.

그날 채집된 물고기 중 각시붕어와 가시납지리는 납자루아과에 속하는 종이었고 아마도 그 두 종의 물고기가 암컷이었다면 채집 시기가 산란기였으니 산란관이 있었을 것이다. 이런 사실을 그때 알았더라면 좋았을 것을.

그 수업 이후 물고기에 관심이 생겼고, 지금은 이름 달아달라고 부탁했던 그 전문가 선생님의 도움으로 종종 물고기 조사에 참여하고 있다. 이제는 산란기 때 납자루아과 물고기 수컷들이 얼마나 예쁜 혼인색으로 암컷을 유혹하는지, 다른 수컷들과 경쟁하기 위해 수컷 주둥이 주변에 돌기가 생기는 것도 알게 되었다.

어류의 생태에서는 하천의 바닥 구조가 가장 중요하다. 물의 흐름에 따라 바닥의 구조가 달라지고 바닥이 모래냐 자갈이냐 펄이냐에 따라 서식하는 어종이 다르다.

요즘 생태하천을 만든다고 하천을 헤집어 놓는 경우도 많고, 때 되면 홍수를 예방한다고 하천 바닥을 긁어내는 준설 작업으로 하천 생태계를 망가뜨리는 일이 비일비재 하다. 준설 작업 뒤 하천에 가보면 손바닥만 한 민물조개 껍데기들이 하천 변에 나뒹군다.

한국의 민물고기(2019) 도감에 의하면 우리나라 민물고기는 총 233종이라고 한다. 그중 멸종위기종이 29종이고 납자루아과 물고기 세 종이 멸종위기종으로 지정되었다. 수질오염도 원인이겠지만 더 큰 이유는 하천을 이용하면서 물속 생태계를 고려하지 않아서

다. 사람들의 편의만을 위한 각종 개발과 준설 작업.

 납자루아과 물고기들은 알을 적게 낳아도 조개에 산란하는 방식 덕분에 대를 잘 이어가고 있다고 한다. 반복되는 하천 훼손으로 민물조개가 점점 줄어들면 조개에 산란하는 물고기들도 지금처럼 계속 대를 이어 살아남을 수 없을 것이다.

남편 사진 0장 '이것' 사진 200장, 여행이니까요
- 잘 빠진 흰 다리의 유혹에 즐거웠던 군산 선유도

 유난히 집을 좋아하는 집순이라 자의로 여행을 계획하고 추진하지 않는 편이다. 무슨 기념일도 아닌데 무료로 숙소를 쓸 수 있다는 이유로 6월 초에 여행을 가게 되었다.

 여행지는 군산 선유도. 그곳으로 잡은 이유는 없었다. 그저 남편이 가보고 싶다고 해서? 이유를 찾자면 1박 2일 가는 여행에 너무 먼 곳은 길에다 버리는 시간과 기름값이 아깝고 군산 정도의 거리면 적당할 것 같다는 생각에서였다.

어디를 갈지 뭘 먹을지에 대한 계획은 없었다. 여행 중에도 새를 볼 수 있는 곳이 어딘지가 내 관심사였고 내 뜻에 잘 따라주는 남편의 배려 덕에 새를 볼 수 있을 만한 곳을 찾아다녔다.

6월이라 도요물떼새 시즌도 지나서 바닷가에서 볼 수 있는 새가 별로 없었다. 이른 더위로 바닷가에 벌써 해수욕을 즐기는 사람들도 보였고 간간이 괭이갈매기 정도만 볼 수 있었다.

칼국수로 점심을 먹고 차를 타고 바닷가 주변을 다니던 중 절벽이 있는 산이 보였다. 혹시 매나 다른 새들이 보일까 해서 차에서 내렸다. 쌍안경으로 산 위를 올려다보며 걷다가 맞은편에서 오는 차를 피하려고 쌍안경을 내리고 길 가장자리로 걷는데 주변 갯벌에서 뭔가 움직이는 게 보였다.

모래 섞인 회색 갯벌에 군데군데 울긋불긋 칠면초나 갯길경 같은 염생식물이 자라고 있었고 그 사이사이 하얗고 작은 무언가가 움직이고 있었다.

"앗! 흰발농게다~~"

흰발농게 수십 마리가 열심히 모래 경단을 만들고 있었다.

흰발농게는 모래가 많이 섞인 혼합갯벌이나 염생식물이 자라는 곳에 서식하는 게다. 두 집게발 중 한 집게발이 크고 하얗다. 서식지 감소로 수가 줄어 환경부에서 멸종 위기 야생생물 2급, 해양수산부에서는 해양 보호 생물로 지정해 보호하는 종이다.

방조제로 막고 갯벌 상부를 거의 다 간척한 당진에서는 흰발농게가 서식할 만한 갯벌이 거의 다 사라져서 본 적이 없다. 서산의 가로림만에서 딱 한 번 본 적이 있는데 흰 집게발 특징이 뚜렷해 알아볼 수 있었다.

수컷의 경우 커다란 집게발 하나와 작은 집게발 하나를 비대칭으로 가지고 있어서 큰 집게발은 영역싸움이나 암컷에게 구애 행동을 할 때 사용하고 작은 집게발로 먹이활동을 한다. 암컷은 두 집게발 모두 작다.

한참 흰발농게를 쳐다보고 있다가 순간 흰발농게 큰

다리가 왼쪽 다리인지 오른쪽 다리인지 궁금했다. 여러 마리를 관찰한 결과 왼쪽 다리가 큰 녀석도 있고 오른쪽 다리가 큰 녀석도 있었다. 사람들도 오른손잡이 왼손잡이가 있듯이 흰발농게의 큰 집게발 위치는 개체마다 다르다는 걸 알았다.

한참을 쭈그리고 앉아서 흰발농게를 관찰하며 카메라에 담고 있었더니 지나가는 사람들이 내가 뭘 하는지 궁금한지 쳐다보며 지나간다.

"뭐해? 뭐 있어?"

멀찌감치 차를 세우고 나를 찾아 걸어온 남편이 물었다.

"자기야 여기 흰발농게가 있어. 엄청 많아."

신나서 사진 찍는 나를 기다리며 남편은 핸드폰만 들여다보고 있다.

 흰발농게는 나를 경계하는지 크고 흰 집게다리를 쳐들어 보인다. 나는 그 모습을 놓칠세라 카메라 셔터를 눌렀다. 작은 집게발로 연신 모래를 집어 입에 넣고 오물거리다 모래 경단을 만들어 뱉어놓는다.

 "그만 보고 가자."

 시간 가는 줄 모르고 흰발농게 사진찍기에 바쁜 나

에게 남편이 이제 가자는 신호를 보낸다.

"어 알았어~ 알았어~ 잠깐만."

 더 보고 싶었지만, 기다리는 남편에게 미안해 사진 몇 컷 더 찍은 다음 아쉬운 마음을 뒤로하고 차에 올랐다. 신나서 카메라에 찍힌 사진을 보여주었다.

"자기야 이거 봐~ 사진 잘 찍었지?"

"좋은감? 자기가 좋으니 됐네. 선유도 오길 잘했지?"

 생각지도 못한 곳에서 이렇게 많은 흰발농게를 실컷 보고 사진도 찍고. 이게 웬 행운인가?

흰발농게의 잘 빠진 흰 집게발 유혹 덕분에 딱히 이유가 없었던 선유도 여행이 이유를 넘어 의미 있는 여행이 되었다.

여행에서 돌아오는 길에 당진에도 흰발농게가 아직 남아있을까 궁금했다. 당진의 넓었던 갯벌은 이제 거의 다 없어졌지만 군데군데 남아있는 갯벌 어딘가에 흰발농게가 살고 있으면 좋겠다 싶어 기회가 되면 찾아보고 싶었다.

오래 지나지 않아 당진의 흰발농게 서식 여부를 확인할 수 있었다. 다행히 갯벌 교육 강사님께서 교육 중에 서해대교가 보이는 당진의 어느 갯벌에서 흰발농게를 찾아주었다. 아주 좁은 면적이지만 당진에 아직 흰발농게 서식지가 남아있다는 사실에 감사했다.

다큐멘터리에나 나오는 주인공이 아니에요
- 뚱실뚱실 귀염둥이 점박이물범

금방이라도 비가 내릴 것처럼 날이 흐렸다. 약속 시간에 도착하려면 시간이 빠듯했다. 쌍안경과 카메라를 챙겨 부랴부랴 집을 나섰다.

네비게이션에 약속 장소를 치니 도착시간이 약속 시간보다 5분이나 늦다. 도착시간을 수시로 확인하며 차를 몰았다. 다행히 약속 시간보다 6분 일찍 도착. 어라? 약속 장소에 아무도 없다. '앗, 내가 장소를 잘못 알았나?' 오늘 일정을 주관하는 서산태안환경교육센터 센터장님에게 전화했다.

"센터장님 오시는 중이세요? 저 도착했는데 아무도 없네요?"

"쌤, 약속 시간이 열 시 삼십 분인데 왜 이리 일찍 왔어요?"

"열 시 삼십 분이었어요? 저는 열 시까지 인줄 알았어요."

시간을 잘못 안 덕에 갑자기 여유가 생겼다. 배를 타고 바다에 나가면 화장실을 못 갈 것 같아 공중화장실에도 다녀오고 천천히 바다를 둘러보았다. 회색 갯벌 멀리 섬들이 보이고 섬마다 해안가에 옹기종기 모여 있는 집들이 몇 채씩 자리하고 있었다.

"안녕하세요?"

속속 차들이 도착하고 기다리던 일행이 차에서 내리며 인사를 건넸다. 우리는 비가 올 것 같아 비옷과 우산 몇 개를 챙겨 배를 타러 선착장으로 향했다.

선착장에는 가로림만 터줏대감이신 선장님께서 기다리고 계셨다.

배에 올라 안전조끼를 착용한 우리는 오늘 주인공을 만날 수 있을까 하는 기대와 비가 오면 어쩌나 걱정하며 천천히 오늘 우리가 만날 주인공을 볼 수 있는 곳을 향해 갔다.

얼마 지나지 않아

"저기 모래톱 위에 세 마리 보이네요."

하는 말이 끝나기가 무섭게 우리 모두 쌍안경을 집어 들었다.

"오~ 진짜네요. 그 옆에 한 마리 더 있는 것 같아요."

드디어 만났다. 오늘의 주인공 점박이물범을.

점박이물범은 해양포유류로 몸 전체 회색 털로 덮여있고 불규칙한 점무늬가 있다. 앞다리, 뒷다리 모두

짧은 지느러미 형태로, 다리의 기능을 할 수 없다. 육상에서는 몸을 튕기거나 엎드려서 꿈틀거려 움직이기 때문에 몸이 둔한 편이라 경계심이 강하다고 한다.

멀리 바닷물이 빠지면서 가로로 길게 모래톱이 드러나 있었다. 그 위에 여유롭게 배 깔고 누워있는 점박이물범 세 마리가 보였다. 배가 살짝씩 흔들렸다. 점박이물범 모습을 사진으로 좀 더 잘 남기고 싶어 최대한 숨죽이며 카메라 셔터를 눌렀다.

뚱실뚱실한 유선형의 몸, 옆구리에 찰싹 붙어있는 짧은 앞지느러미 발, 얼굴 중앙엔 하트모양으로 뚫린 콧구멍. 자세히 보니 귀엽다.

모래톱에 엎드려있거나 모로 누워서 멀찌감치 배 위에서 자신들을 보고 있는 우리를 쳐다보고 있었다. 우리는 쌍안경과 카메라로 점박이물범의 행동을 관찰하고, 그 녀석들은 고개를 쳐들어 우리를 보다가 게슴츠레 눈을 감기도 하고 지나가는 보트 소리에 고개를 돌리기도 하며 한참을 서로 탐색했다.

'좀 쉬려고 했더니, 저 인간들이 참 귀찮게 하네'

아마도 속으로 그런 생각을 하는 것 같았다. 지켜보는 우리의 시선이 부담스러웠는지 한 마리가 몸을 살짝씩 튕겨가며 슬금슬금 움직여 물속으로 들어가니 나머지 두 마리도 따라 들어갔다.

비가 내리기 시작했다. 물속으로 들어간 점박이물범들은 물속을 헤엄치며 가끔 머리를 내밀어 우리를 힐끔거렸다. 갔는지 안 갔는지 확인하려는 듯이.

물속에 들어간 녀석들이 다시 모래톱 위로 올라오길 기다리는데 비가 제법 내리기 시작했다. 한참 물속을 헤엄치다 다시 모래톱으로 올라온 녀석들은 아직도 안 갔냐는 듯 우리를 쳐다보았다. 쉼을 방해해 미안하다는 인사를 남기고 우리는 선착장으로 돌아왔다.

가로림만은 서산시와 태안군 사이에 있는 호리병 모양의 만[16]이며, 1970년대 이후 조력발전소 건설 논의가 있었던 곳으로 주민의 찬반 갈등이 심했다. 다행히 2016년 조력발전소 계획이 무산되고 가로림만의 생물다양성을 인정하여 해양생물보호구역으로 지정되

---

[16] 바다가 육지 속으로 파고들어 와 있는 곳.

었다. 그 과정에서 해양보호생물인 점박이물범도 일조했다.

주민들이 눈앞의 이익만 생각하고 조력발전소 건설에 모두 찬성 했다면, 가로림만의 생물다양성이 무시되고 조력발전소 건설이 계속 추진되었다면, 아마도 점박이물범은 가로림만이 아니라 TV 속 다큐멘터리에서나 볼 수 있었을 것이다.

에필로그

 1인 1책 쓰기 프로젝트 참여자로 선정되었다는 문자를 받았을 때 벌써 작가가 된 것 같았다. 격주로 한편씩 글을 쓰는 게 뭐 어렵겠냐 싶었지만 해보니 쉽지 않았다. 처음 몇 편은 글이 술술 잘 써졌지만 몇 편 쓰고 나니 글의 패턴이 비슷해지고 내 글이 지루하게 느껴졌다. 처음에 정했던 제목과 목차대로 글이 써지지 않았다. 생각과 다르게 몇 줄 쓰고 나면 쓸 내용이 생각나지 않았고 글이 점점 짧아졌다.

 다른 수강생들은 어쩜 그렇게 글을 잘 쓰는지. 부러운 마음에 조바심이 났다. 잘 쓰고 싶은 욕심에 색다르게 써보려고 하니 글 쓰는 시간이 점점 길어졌다. 나만 보는 글이 아닌 다른 사람에게 읽힐 글을 쓰는 건 생각 보다 고려 해야 할 점들이 많았다. 독자가 읽고 싶은 주제인지, 어디까지 얘기해야 할지도 고민이었지만 글이 너무 길어도 너무 짧아도 안 될 것 같았다. SNS용 간단 글쓰기에 너무 익숙해져서 자세히 쓰는 게 어려웠다.

 글을 쓰는 시간이 모여 글쓰기가 습관이 되고 글쓰기 습관이 들면 글쓰기 실력이 는다고 했던가? 아직 글쓰기 실력을 운운할 만큼은 아니지만 1인 1책 프로젝트 덕분에 아주 약간의 글쓰기 습관이 생긴 것 같다.

 자연을 만나는 일도 습관이다. 자연을 만나는 일이 잦아지면 자연을 보는 눈이 생기고 오래 만나다 보면 단순히 무언가의 이름과 생김새를 아는 것에 그치지 않고 자연을 통해 다양한 감동을 느낄 수 있다. 의도하지 않은 자연과의 만남이 우연히 일어났을 때의 기쁨, 자연을 자세히 들여다보며 느끼는 신비로움, 의미 없는 죽음을 마주할 때의 슬픔과 안타까움, 다른 사람과 함께 자연을 만날 때의 즐거움은 내가 자연을 찾게 되는 이유이다. 자연과 함께하는 시간이 쌓일수록, 자연은 삶을 돌아볼 기회를 만들어주며 삶을 풍요롭게 한다.

 한 편, 두 편 자연을 만난 이야기를 글로 쓰다 보니 어느새 글쓰기 과정이 끝났다. 나와 우연히 만났던 자연과 그 만남에 함께 했던 사람들 덕분에 글을 쓸 수 있었고 글쓰기의 기회를 만들어준 당진시립도서관, 글쓰기를 함께 한 동료들의 응원과 작가님의 세심한 지도 덕분에 무사히 과정을 마치고 책 한 권이 나올 수 있었다. 나의 글쓰기에 함께한 모든 이들에게 감사를 전한다.

 내가 만난 자연이 글이 되어, 나의 오랜 바람이었던 책이 되어 나에게로 왔다. 자연이 나의 삶을 풍요롭게 만들어준 것처럼 나의 글이 독자에게 자연을 만나는 즐거움을 알게 하고 그들의 삶도 자연에서 풍요로워지길 바란다.

자연을 마주하다

지은이 | 김수정
사진/표지디자인 | 김수정
이메일 | bolor0220@naver.com
발행처 | 도서출판 진포
발행일 | 2025년 12월 10일

ISBN | 979-11-93403-44-0

인 쇄 | 진포인쇄
주 소 | 전북특별자치도 군산시 팔마로4
전 화 | 063)471-1318

ⓒ 자연을 마주하다
본 책은 저작자의 지적 재산으로서 무단 전재와 복제를 금합니다.